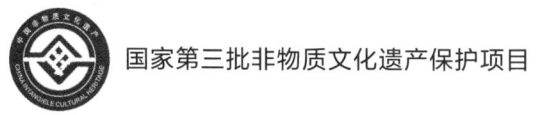
国家第三批非物质文化遗产保护项目

小河锣鼓
基础教程

主 编 ○ 刘启平

西南师范大学出版社
国家一级出版社 全国百佳图书出版单位

图书在版编目（CIP）数据

小河锣鼓基础教程/刘启平主编. — 重庆：西南师范大学出版社，2019.9
ISBN 978-7-5621-9705-8

Ⅰ.①小… Ⅱ.①刘… Ⅲ.①锣鼓音乐－中小学－教材 Ⅳ.① G634.951.1

中国版本图书馆 CIP 数据核字 (2019) 第 190497 号

刘启平 ·主编·

小河锣鼓基础教程
XIAOHE LUOGU JICHU JIAOCHENG

责任编辑：李　彦
责任校对：符华婷
封面设计：润江文化
排　　版：文明清
出版发行：西南师范大学出版社
　　　　　地址：重庆市北碚区天生路2号
　　　　　邮编：400715
　　　　　网址：http://www.xscbs.com
　　　　　电话：023-68254353
经　　销：全国新华书店
印　　刷：重庆俊蒲印务有限公司
幅面尺寸：185mm×260mm
印　　张：8
字　　数：205千字
版　　次：2020年1月第1版
印　　次：2020年1月第1次印刷
书　　号：ISBN 978-7-5621-9705-8
定　　价：32.00元

前言

　　文化是一个民族的身份标志，传统文化是一个国家和民族历史创造的集体记忆与精神寄托。优秀的民间传统艺术是中华民族宝贵的精神财富，非物质文化遗产就是其中璀璨夺目的明珠。

　　非物质文化遗产源于劳动人民特殊的生活环境、生产方式，是民族个性、民族审美习惯鲜活的显现。重庆市渝北区地处华蓥山脉主峰以南的巴渝平行岭各地带，地势以西北向东南缓缓倾斜。这里狭窄的山地和宽缓的丘陵河谷交替出现，相互平行排列，形成"一山两岭一槽"或"一山三岭两槽"的地貌特征，是典型的小河遍布的深丘地区，因此也孕育了国家级非物质文化遗产——小河锣鼓。小河锣鼓历史悠久，源远流长，又以渝北区大湾镇的最为有名。小河锣鼓始于16世纪中叶，距今有300多年的历史。然而在其发展进程中，也是花开花落、几经沉浮，现状不容乐观。尽管小河锣鼓于2011年跻身于国家第三批国家级"非物质文化遗产"项目，也相继确立了传承人和不少的民间艺人"乐班"，但是如果只是由他们自生自灭，没有政府的专项支持、保护，没有子孙后代的传承、发展和创新，很难将其发扬光大，势必很快也会消失在滚滚的历史长河之中。

　　对民族民间传统文化的继承、保护、弘扬和利用，将为当地的经济建设和社会发展提供强大的精神动力、不竭的智力支持和丰富的经济生长资源，是经济和社会可持续发展的重要保证。实施科学有效的措施保护民族民间传统文化，是实现各地、各民族经济、社会、文化的协调发展，全面建设小康社会的现实需要。为此，渝北区大湾镇政府高度重视对小河锣鼓的保护工作。一方面组织专家对小河锣鼓的经典曲目进行规范整理和挖掘它的原貌特征；另一方面，聘请小河锣鼓传承人和乐班艺人进中小学课堂授课，手把手教学生学习这门艺术，目前，工作取得了一定的效果。

但是，小河锣鼓毕竟是一门距离孩子们的生活比较久远的艺术，传承人和民间艺人这些"大师"们也都源于民间，虽有精湛高超的演奏技艺，但对于课堂中如何激发孩子们的学习兴趣、如何清楚地表达和展现这门艺术的魅力，进而提高课堂传教质量等现实问题，还真是"茶壶倒汤圆"——有货倒不出。针对以上问题，《小河锣鼓基础教程》在渝北区大湾镇政府领导的大力倡导和大湾中小学校师生的积极配合下，为满足课堂普及和课外辅助课程顺应而出，此教程经重庆市渝北区教育委员会教材审定委员会审定。

全书分为五个单元，第一单元，小河锣鼓的故事；第二单元，打击乐；第三单元，吹奏乐；第四单元，吹打乐合奏；第五单元，小河锣鼓经典曲目。教程内容是小河锣鼓中盆鼓、铛锣、大锣、镲、唢呐等乐器的演奏方法和技巧，及小河锣鼓流传下来的经典曲目原汁原味的演奏。另外，为满足学校音乐课堂教学的需要，还增加了我国民族音乐宝库中经典的吹打乐欣赏和乐理知识的学习，及适合学生学习的经典曲目的编配乐谱和演奏提示，鼓励学生在传承中创新的一些编创活动设计等。本书的编写体例是：一、听听想想：介绍我国优秀的、经典的民间吹打乐；二、吹吹打打：介绍演奏的基本方法；三、学学练练：器乐演奏的实践和曲目演奏；四、乐理知识：音乐的基础知识和乐谱视唱，以及常识介绍等。个别单元还增加了学生喜爱的编创活动。

为满足中小学教学的需要，在编写《小河锣鼓基础教程》的过程中，力求体现以下几个方面的特点：

（一）趣味与知识相结合。设立了听听想想和学学练练学习板块，将我国民间吹打乐中的经典作品介绍给孩子们，以扩大其视野，增强学习的趣味性，同时针对音乐基础较差的学生，加入了最基本的音乐知识和常识和简谱视唱等，培养他们的学习能力。

（二）技能与规范相结合。书中将小河锣鼓中几件核心乐器的演奏方法和技巧进行了整理，同时也借鉴了相关的乐器共通的演奏方法，在保证其原汁原味的前提下，又达到了演奏姿势与技巧的规范化、大众化的要求，为小河锣鼓今后走向更为广阔的天地打下基础。

（三）传承与发展相结合。教学是为了更好地传承和保护小河锣鼓这门艺术，并不是简单地将原作翻版传授给学生，在教学中既要让小河锣鼓保持原貌不走样，又要让它与时俱进不断，发展创新，教程中除了必修的小河锣鼓的经典曲目外，还增加了不少国内民间吹打乐中优秀的经典作品。

编 者
2019 年 1 月

目录

第一单元
小河锣鼓的故事　　　　　　001

第二单元
打击乐　　　　　　　　　　004
　　第一课　　　　　　　　005
　　第二课　　　　　　　　012
　　第三课　　　　　　　　016
　　第四课　　　　　　　　021
　　第五课　　　　　　　　025

第三单元
吹奏乐　　　　　　　　　　028
　　第一课　　　　　　　　029
　　第二课　　　　　　　　036
　　第三课　　　　　　　　041
　　第四课　　　　　　　　046
　　第五课　　　　　　　　053

目录

第四单元
吹打乐合奏　　　　　　　　　058

- 第一课　　　　060
- 第二课　　　　066
- 第三课　　　　071
- 第四课　　　　077
- 第五课　　　　083

第五单元
小河锣鼓经典曲目　　　　　　089

- 三幺　　　　090
- 五幺　　　　096
- 六幺　　　　101
- 长针线　　　　105
- 本一四七　　　　106
- 挂带牌一　　　　107
- 下八牌　　　　108
- 年八牌　　　　109
- 花一四七　　　　110
- 本一四七　　　　112
- 云月师　　　　114
- 挂带牌　　　　116

第一单元 小河锣鼓的故事

我国是历史悠久的文明古国,民族血脉绵延至今未断,民族民间传统文化的承续传载功不可没。在重庆市渝北区大湾镇,小河锣鼓可谓是家喻户晓,2011年跻身于第三批国家级非物质文化遗产名录的小河锣鼓,就是从这里走进了人们的视野,同时也填补了渝北区国家级非物质文化遗产的空白。

一、起源

约在公元1657年,一蒋姓人家在两条无名小河交叉的大湾上,建造房屋,构成简易街道。据传闻,街道落成之时,罗家、唐家、蒋家的3支小河锣鼓班齐来朝贺,演出时间长达三天三夜。

蒋家的街道建成不久,唐家又在大湾上修建另一条街道,街道落成之时,又请了5支乐班,大吹大打,热闹了十余天,与蒋家"斗富",至今还有"唐半场"之说。从那时起,小河锣鼓就在大湾盛行、流传,距今已约有300年历史。

"民国时期,小河锣鼓的发展又迎来了一次高潮。"渝北区文化馆负责人介绍说,新中国成立前,渝北区是四川邻水县、大竹县通往西南重镇

重庆的要道，过往行人多，场镇繁荣。县内外客商往返络绎不绝，据说江西人为在此经商专门设立了会馆。其中，河南猴戏班曾在此据点久住，此时小河锣鼓与各地戏班争奇斗艳，展现了本土艺术的魅力。当时，各行各业开张都要请小河锣鼓班坐堂吹奏，一是开张庆贺，相当于现在的广告宣传；二是希望生意兴隆。

二、特色

延续 300 余年的小河锣鼓演奏风格独特，并在吹打音乐、曲牌、乐器制作等方面形成了自己的特色。在广阔的农村，每逢婚、寿、节庆活动，吹吹打打较为常见，当地人称为"吹吹"。

小河锣鼓乐器制作也很有特色：制作简易，体积小，携带方便，适用性强。盆鼓便是其中的典型，它俗称脚盆鼓，形状似脚盆，大面绷皮，小面未绷皮，鼓面直径约 27 厘米，高约 20 厘米，一般农村木匠都可制作。

民间艺人外出演奏时，需要翻山越岭，携带盆鼓也非常方便。盆鼓由于小面未绷皮，通风性能好，湿气不易渗入，经久耐用，演奏时主人把红包（铜钱、硬币）丢进盆鼓，发出叮咚的脆响声，融合在打击乐中，堪称川东一绝。

三、现状

1986 年普查时，在渝北区尚未发现小河锣鼓有娃娃乐手及女子乐师，全区民间乐班有 114 个，民间乐手 657 人。但如今已锐减到 32 个乐班，仅存曲牌约 280 支。

小河锣鼓老艺人罗范平说，耍锣曲牌听说约有 400 支。小河锣鼓曲牌最常用的有《翻山岭》《蛇过河》《迎亲曲》等。锣鼓技法也多为祖传，乐班有父子 5 人组成的，也有祖孙 3 代组成的。

近年来，农村年轻人大多外出务工，小河锣鼓的传承受到挑战，随着时间的推移，一些曲牌正处于消失的边缘，比如《长捶排》，如今已无法找到会演奏它的民间艺人了。

四、赏析

（一）婚庆场景

迎 亲 曲

1=G 2/4

稍快 欢乐地

```
3 2  3 5 | 6 7  6 | 2 3  1 7 | 6 2  2 6 | 6 7  6 |

5 6  5 3 | 2 1  2 | 2 5  3 2 | 3 2 1 | 3 2  1 7 |

6 5  1 | 2 2  1 2 | 3 2  1 7 | 6 2  2 6 | 6 7  6 :||
```

（二）丧葬场景

蛇 过 河

1=E 4/4

缓慢 悲伤地

```
6  6. 6 6  6 | 5  3. 5 6 - | 5. 6 7  5  6 | 6. #4 3  2 - |

3 6 3  3 7 6 5 | 6 3 2  3 - | 2.  3 6 0  6 0 | 3 2  1 7 6 - :||

||: 6  2  1 7 6 | 2 6 1 7  6 - | 6  2  1 7 6 | 2 6  1 2 3 - |

3  6  5 4 3 | 6  3 2  1 - | 2.  3 6 0 #4 0 | 3 2  1 7 6 - :||
```

![思考]

1. 说说这两首乐曲的区别在哪里？

2. 采访你周围的小河锣鼓乐班的乐师们，了解他们是怎样生活的。

3. 把你了解到的小河锣鼓的故事讲给周围的人听听，或者在自己的笔记本里把这个故事写下来。

第二单元 打击乐

我国民间的传统锣鼓打击乐,以其悠久的历史渊源、宏伟的民族气派和独特的东方神韵著称于世。从古至今,锣鼓打击乐无论是作为一种社会文化现象,还是作为一种音乐类别,始终伴随着我国各族人民的生活而不

图1　小河锣鼓队学生排练图

断繁衍、传承和发展，成为人民大众喜闻乐见的艺术品种，从而深深扎根于民间音乐沃土之中，并始终发挥着它那无可替代的社会精神效应。

锣鼓乐在乐器配制方面有多种乐队组合形态。在打击乐器的使用上，哪怕是在同一地区、同一乐种、不同乐曲中，打击乐器的配制也不尽相同，加之乐器形制各异，从而形成多种风格特色。

我们学习的就是当地人引以为豪的小河锣鼓，它是以鼓（盆鼓）、锣（大锣、铛锣）、小钹等打击乐器为主，加上唢呐等构成乐队组合形式的民间吹打乐。

第 一 课

一、听听想想

鸭 子 拌 嘴

西安民间鼓乐
安志顺 曲

$1=\dfrac{2}{4}$

三角铁 （或碰铃）	0	0 0	0	*f* 渐慢 0 叮 0 叮	0 叮 0 叮	0 叮 0 叮	再渐慢 0 叮 0 叮	*pp* 叮 0 0 ‖
小钹	0	0	*sf* 仓仓 0 0	*f* 当当 0 当	0 当 0 当	0 当 0 当	0 当 0 当	*pp* 当 0 0 ‖
钹	*sf* 仓仓 0 0	0	0	*f* 切 切	切 切	切 切	切 切	*pp* 切 0 0 ‖
大、小木鱼 （或双响筒）	0	0 0	0	*f* 各嗒 各嗒	各嗒 各嗒	各嗒 各嗒	各嗒 各嗒	*pp* 各 0 0 ‖

注："七"为钹闷击；"切"为击边；"当"为侧击；"磨"为磨击；"木"为抖击；"仓"为常规合击。（也可用带盖的杯子代替钹。）

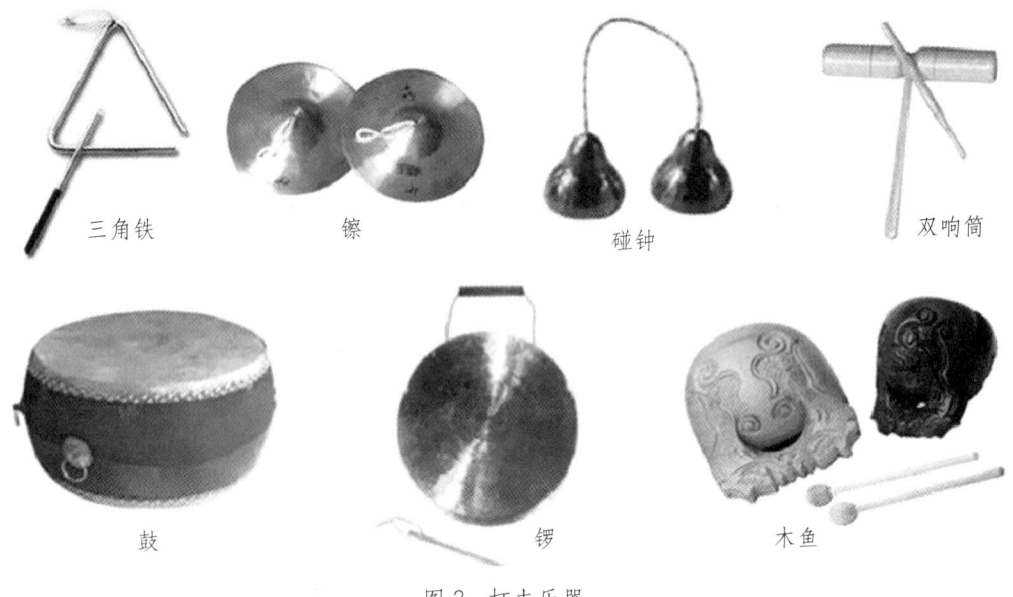

图 2　打击乐器

（一）聆听思考

1. 说说你听到了什么，想象这是一个怎样的场景？
2. 老师介绍打击乐器。
3. 再听乐曲演奏中有哪些乐器，分别是怎么演奏的。你能示范一两种乐器的演奏方法吗？

（二）相关介绍

安志顺，1932年出生于陕西绥德，当代享有盛名的打击乐大师、作曲家、演奏家、国家一级演奏员、中国打击乐学会副会长、中国音乐家协会理事、中国民族管弦乐学会打击乐专业委员会荣誉会长、陕西省歌舞剧院民族乐团顾问、香港中华鼓乐团艺术总监及中国陕西安志顺打击乐艺术团(原陕西打击乐艺术团)团长、总监。安志顺创作了大量深受观众喜爱的作品，其作品形式多样、内容丰富、技法新颖、风格独特，如《老虎磨牙》《鸭子拌嘴》《黄河激浪》《运动场上》《老两口的故事》《三个和尚》等。

二、吹吹打打

（一）乐器介绍

1. 鼓

鼓，打击乐器中的一种，将鼓身（常为圆桶状）的一面或双面蒙上拉紧的膜，可以用手或鼓杵敲击出声。

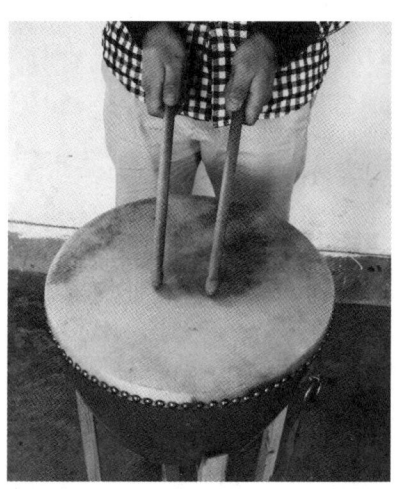

图3　鼓

2. 盆鼓（小河锣鼓特色打击乐）

盆鼓，俗称脚盆鼓，形状似脚盆，大面绷皮，小面空，鼓面直径约27厘米，高约20厘米，主要有艺人口授，一般农村木匠都可制作，携带方便。由于小面空、通风性能好，湿气不易渗入，经久耐用，演奏时主人家把红包（铜钱、硬币）丢进盆鼓，发出叮咚的声音，融合在打击乐中，堪称川东一绝。

图 4　盆鼓

3. 大锣

大锣，锣的一种，因面较大，故称大锣。它是铜制的，直径约 30 厘米，扁平圆体，有边，边孔较小，系以绳。演奏时，左手提锣，右手持木槌击奏，在戏曲伴奏和器乐合奏中常用到它。锣属于金属体鸣乐器，无固定音高，音响低沉、洪亮，余音悠长持久。锣声通常用于表现一种紧张的气氛，具有十分独特的艺术效果。

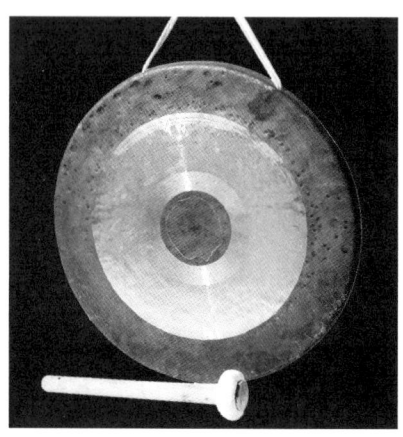

图 5　大锣

（二）基本练习

分别敲打盆鼓的鼓心、鼓边、鼓梆（鼓身）等地方，说说它们的声音一样吗？

训练目标：

（1）准确地划拍读谱。

（2）敲击盆鼓的鼓心、鼓边、鼓梆。

（3）根据符号提示演奏：●敲击鼓心；◎敲击鼓边；▯敲击鼓身。

（4）分别用慢速和稍快两种速度练习。

在锣边、锣心或二者之间，击奏不同的音色和音高。

```
X - - -  | X - X -  | X - - -  | X - X - ‖
⊙          ⊙   ⊙       ○          ○   ○
```

（注：⊙敲锣心，○敲锣边。）

三、学学练练

（一）乐理知识

1.认识基本节奏

音符	名称	时值	举例
X - - -	全音符	4拍	5 - - -
X -	二分音符	2拍	5 -
X	四分音符	1拍	5
X̲	八分音符	$\frac{1}{2}$拍	5̲ 5̲
X̳	十六分音符	$\frac{1}{4}$拍	5̳ 5̳ 5̳ 5̳

（以四分音符为一拍）

```
4/4  X - - - | X - X - | X - - - | X - X - |
数拍子 1  2  3  4
     X - - - | X X X X | X - - - | X X X X |
     X - X - | X - - - | X X X X | X - - - ‖
```

边读边拍

用全音符、二分音符、四分音符，创编一条四小节的节奏谱，并采用不同的演奏方法在鼓上演奏。

2.简谱的唱名

简谱：　　**1**　　**2**　　**3**　　**4**　　**5**　　**6**　　**7**
唱名：　　do　　re　　mi　　fa　　sol　　la　　si

（二）乐曲视唱

1. 1＝C $\frac{3}{4}$

| 1 - 2 | 3 - - | 3 - 2 | 1 - -ᵛ | 1 - 3 | 2 - 1 | 2 - -ᵛ |
| 1 - 2 | 3 - - | 3 - 2 | 1 - -ᵛ | 1 - 3 | 2 - 3 | 1 - - ‖

2. 1＝D $\frac{2}{4}$　　　　　　　　　　　　　土家族民歌《乃哟乃》

| 5̲ 3̲ 5 | 5̲ 3̲ 1 | 5̲ 5̲ 3 | 5̲ 3̲ 1 | 1̲ 5̲ 5̲5̲ | 5̲ 3̲ 5 | 5̲ 3̲ 1 |
| 5̲ 1̲ 5̲ 3̲ | 1̲ 1̲ 3 | 5̲ 3̲ 1 | 1̲ 1̲ 5̲ 3̲ | 1̲ 1̲ 3 | 5̲ 3̲ 1 ‖

3. 1＝C $\frac{4}{4}$

| 5 3 3 - ᵛ | 4 2 2 - ᵛ | 1 2 3 4 | 5 5 5 - ᵛ | 5 3 3 - ᵛ |
| 4 2 2 - ᵛ | 1 3 5 5 | 3 - - - ᵛ | 2 2 2 2 | 2 3 4 - ᵛ |
| 3 3 3 3 | 3 4 5 - ᵛ | 5 3 3 - ᵛ | 4 2 2 - ᵛ | 1 3 5 5 | 1 - - - ‖

第 二 课

一、听听想想

冲 天 炮

四川民间锣鼓
李真贵 编曲

扫码聆听

（一）聆听思考

1. 乐曲中鼓和马锣的演奏有什么特点？

2. 乐曲的曲式结构是怎样的？表现了一个怎样的情景？

（二）相关介绍

《冲天炮》是渝北小河锣鼓中的一首著名乐曲，以盆鼓领奏，锣、钹、小镲、马锣、铛锣等配合，描绘了一群天真活泼的孩童手捂耳朵，欲看又怕，聚精会神地围观冲天炮燃放的情景。

李真贵，1941 年 5 月生于重庆，中央音乐学院民乐系教授，硕士研究生导师，中国民族打击乐学会会长，享受国务院政府特殊津贴。《中国民族民间器乐曲集成》特约编审，文化部直属表演艺术团体考评委员会委员。多年来与作曲家合作创作、改编的作品有民乐合奏《湘西风情》、鼓乐《八仙过海》、打击乐《鼓诗》《牛斗虎》《冲天炮》等，为中国打击乐专业学科的创办与建设、民间锣鼓艺术的发展做出了不懈的努力。

二、吹吹打打

（一）乐器介绍

1. 堂鼓

堂鼓，又称同鼓，以木为框，两面蒙牛皮，鼓面较大。演奏时，将鼓放在木架上，用双木槌敲击。

图 6　堂鼓

通过敲击鼓边、鼓心和控制敲击的力量，可以获得不同的音量和音色，也能演奏出复杂的花点，对情绪及气氛的渲染有较大作用，是现代民间器乐合奏及戏曲音乐中常用的一种打击乐器。

2. 铛锣

铛锣，也叫小锣，属锣的一种，因锣面较小而得名，原为道场法器。铜制，圆形，直径约 12 厘米，中心部稍凸起，不系绳。演奏时用左手指支定锣内缘，右手持一薄木片敲击发声，音色明亮、清脆。铛锣在京戏中也称京小锣，在京剧中随着表演动作的节奏敲击铛锣和大锣，起衬托和加强效果的作用。它在锣鼓曲中，除突出其音色特点外，也敲击花点，起着丰富合奏的效果。在小河锣鼓中，以高空抛奏为特色。

图 7　铛锣

3. 钹

钹，是铜质圆形的打击乐器，两个圆铜片，中心鼓起成半球形，正中有孔，可以穿绸条等用以持握，两片相击发声，为奏体鸣乐器的一种。

图 8　钹

（二）基本练习

（1）铛锣

$\frac{2}{4}$ X - | X - | X X | X X | X - | X - | X X | X X |

X - | X X | X - | X X | X - | X - | X X | X - ‖

（2）钹

$\frac{2}{4}$ X X X X | X X | X X X X | X X |

X X X | X X X | X X X X | X - ‖

①敲打乐器什么部位的声音最好听？

②如何让乐器在敲击后迅速止音？

三、学学练练

（一）乐理知识

1. 认识小节线、小节、终止线

小节 | 小节 | 小节 | 小节 ‖
小节线　　小节线　　小节线　　终止线

2. 认识拍号

表示拍子的记号叫作拍号。一般标记在乐谱的左上方，比如：$\frac{2}{4}$、$\frac{3}{4}$、$\frac{3}{8}$，其含义和强弱规律见下表。

拍号	含义	强弱规律
$\frac{2}{2}$	以二分音符为一拍，每小节有2拍	● ○
$\frac{2}{4}$	以四分音符为一拍，每小节有2拍	● ○
$\frac{4}{4}$	以四分音符为一拍，每小节有4拍	● ○ ◐ ○

续表

拍号	含义	强弱规律
$\frac{3}{4}$	以四分音符为一拍,每小节有3拍	● ○ ○
$\frac{3}{8}$	以八分音符为一拍,每小节有3拍	● ○ ○
$\frac{6}{8}$	以八分音符为一拍,每小节有6拍	● ○ ○ ◐ ○ ○

注：●表示强拍，○表示弱拍，◐表示次强拍。

四二拍：1 2 | 1 2 | 1 2 | 1 2

四三拍：1 2 3 | 1 2 3 | 1 2 3 | 1 2 3

四四拍：1 2 3 4 | 1 2 3 4 | 1 2 3 4 | 1 2 3 4

（二）乐曲视唱

（1）1＝G $\frac{2}{4}$ 　　　　　　　　　　　　　　《粉刷匠》波兰儿歌

5 3 5 3 | 5 3 1 | 2 4 3 2 | 5 - | 5 3 5 3 | 5 3 1 | 2 4 3 2 | 1 - |

2 2 4 4 | 3 1 5 | 2 4 3 2 | 5 - | 5 3 5 3 | 5 3 1 | 2 4 3 2 | 1 - ‖

（2）1＝F $\frac{2}{4}$ 　　　　　　　　　　　　　　《划船》西班牙民歌

5 3 3 | 4 2 2 | 1 2 3 4 | 5 5 5 | 5 3 3 | 4 2 2 | 1 3 5 5 | 3 - |

2 2 2 2 | 2 3 4 | 3 3 3 3 | 3 4 5 | 5 3 3 | 4 2 2 | 1 3 5 5 | 1 - ‖

（3）1＝F $\frac{3}{4}$ 　　　　　　　　　　　　　　《新年好》英国民歌

1 1 1 5̣ | 3 3 3 1 | 1 3 5 5 | 4 3 2 - |

2 3 4 4 | 3 2 3 1 | 1 3 2 5̣ | 7̣ 2 1 - ‖

第 三 课

一、听听想想

丰收锣鼓

民乐合奏

1=G 4/4

彭修文、蔡惠泉 编曲

（一）聆听思考

1. 音乐表现了一出怎样的场景？
2. 你能听出哪些打击乐器在演奏？

（二）相关介绍

彭修文，湖北武汉人，当代著名作曲家、指挥家，曾任中国广播民族乐团首席指挥，杰出的民族音乐大师，现代民族管弦乐团的奠基人之一。

从小学习二胡、琵琶等民族乐器。1950年到重庆人民广播电台从事音乐工作，1954年调中央广播民族乐团任指挥和作曲。多年来，指挥、创作和改编了不少深受群众欢迎的作品，如《步步高》《彩云追月》《花好月圆》《丰收锣鼓》《月儿高》《瑶族舞曲》等。

二、吹吹打打

（一）单奏练习

（1）鼓

$\frac{2}{4}$ x － | x － | x x | x － | x x | x x | x － | x － ‖

（2）大锣

$\frac{3}{4}$ x － － | x － － | x x x | x － － － | x o x | x － － | x x x | x o o ‖

（3）铛锣

$\frac{6}{8}$ x. x. | x x x x x x | x. x. | x o x x o x | x o x o | x. x. ‖

（4）钹

$\frac{2}{4}$ x x x x | x x x x | x x | x o | x x x x | x x | x o | x o ‖

（二）合奏练习

1.按各乐器的站、坐两种姿态演奏。

2.采用中速演奏，适当突出强拍。边听边演奏，注意控制强、弱力度。

3.进行小组合式的演奏，在演奏中了解主次关系，感知主奏乐器的音量与其他辅助乐器的关系。

三、学学练练

（一）乐理知识

带有附点的音符叫附点音符，将"·"写在音符符头的右边，作用是将原音符的时值延长一半。常见的附点音符有：

音符	名称	时值
$\bar{\mathrm{X}}\cdot$	附点二分音符	$5-\cdot = 5- + 5$
$\mathrm{X}\cdot$	附点四分音符	$5\cdot = 5 + \underline{5}$
$\underline{\mathrm{X}}\cdot$	附点八分音符	$\underline{5}\cdot = \underline{5} + \underline{\underline{5}}$
$\underline{\underline{\mathrm{X}}}\cdot$	附点十六分音符	$\underline{\underline{5}}\cdot = \underline{\underline{5}} + \underline{\underline{\underline{5}}}$

表示声音停顿的符号，叫休止符，用"**0**"来表示。与音符一样可以分为：全休止符、二分休止符、四分休止符、八分休止符、十六分休止符。

（二）乐曲视唱

（1）1=D $\frac{4}{4}$　　　　　　　　　　　　　　　　《欢乐颂》[德]贝多芬 曲

| 3 3 4 5 | 5 4 3 2 | 1 1 2 3 | 3· 2 2 — |
划拍：∨ ∨ ∨ ∨ ∨ ∨ ∨ ∨   ∨∨

| 3 3 4 5 | 5 4 3 2 | 1 1 2 3 | 2· 1 1 — ‖

（2）1=D $\frac{3}{4}$　　　　　　　　　　　　　　　　《红蜻蜓》[日]山田耕作 曲

| $\underline{5\,1}$ 1· 2 | $\underline{3\,5}$ $\underline{1\,6}$ 5 | $\underline{6\,1}$ 1 2 | 3 — — |
划拍：∨∨ ∨ ∨ ∨ ∨ ∨ ∨ ∨ ∨

| $\underline{3\,6}$ 5· 6 | $\underline{1\,6}$ $\underline{5\,6}$ $\underline{5\,3}$ | $\underline{5\,3}$ $\underline{1\,3}$ $\underline{2\,1}$ | 1 — — ‖

（3）1=F $\frac{2}{4}$　　　　　　　　　　　　　　　《滴哩滴哩》潘振声 曲

划拍：

（4）1=C $\frac{2}{4}$ 活泼而稍快　　　　　　　　　《木偶》[德]勃拉姆斯 曲

划拍：

拓展练习

①用划拍法把每条练习曲剩下的部分补充完整。

②你能用鼓、钹、大锣、铛锣四种打击乐器为上面的旋律伴奏吗？如果你的伴奏能在旋律相应的附点音符和休止符的地方有所体现，效果会更好。

第 四 课

一、听听想想

威风锣鼓

山西晋南民间乐曲

扫码聆听

（一）聆听思考

1. 这首作品的主奏乐器有哪些？

2. 鼓在乐曲中起到什么作用？

（二）相关介绍

《威风锣鼓》是主要流传于山西临汾一带的民间传统打击乐，以鼓、锣、钹、铙等四件乐器为主奏乐器，其中鼓为核心。乐曲因其鼓声如雷、钹音清脆、锣鸣镗镗，故有种威风凛凛之感，所以叫作《威风锣鼓》。

二、吹吹打打

（一）合奏练习

1. 两种乐器合奏（可随意组合）

$1=\frac{2}{4}$

鼓（或大锣）｜｜: X — | X — | XX | XX | X 0 | X 0 | XX | X — :｜｜

钹（或铛锣）｜｜: XX XX | XX XX | X 0 | X 0 | 0 XX | 0 XX | 0 XX | X 0 :｜｜

2. 四种打击乐合奏

$\frac{2}{4}$

鼓	X -	X X	X -	X X	X O	X O	X X	X O ‖
大锣	X -	O O	X -	O O	X O	X O	O O	X O ‖
钹	O XX	O XX	O XX	O XX	XX XX	XX XX	XX XX	X O ‖
铛锣	X O	X O	X O	X O	X X	X X	X X	X O ‖

（二）伴奏练习

分别用上面的两条练习曲给熟悉的音乐教材歌曲伴奏，要求：（1）边唱边奏，唱奏结合。（2）控制伴奏的音量、力度，突出歌声。

三、学学练练

（一）乐理知识

"锣鼓经"是指京剧打击乐中各种不同形式打法的通称，也称为"锣经"，主要是用鼓、板、大锣、小锣、铙钹、堂鼓等打击乐器的声音组合成各种不同的节奏，以烘托舞台上肃穆、悠闲、抒情、紧张、激烈、惊惶等不同的情绪及气氛。

为了让各个演奏者在演奏中打击正确的乐器，并让演员清楚地知道什么时候一定要有什么样的锣鼓经，于是给每一种打法都取一个名字，如【四击头】【慢长锤】【急急风】等，而且每一种锣鼓经都有特定的念法及记谱法，像"台"代表小锣，"匡"代表大锣，"七"代表铙钹等，所以【慢长锤】的念法就是"匡七台七匡七台七……"是不是很有趣呢？

京剧、昆剧等剧种中，常见的伴奏乐器的锣鼓经口诀如下表。

乐器	京剧/昆剧口诀
板独奏	扎/衣/一
鼓单签击奏	达/答/大
鼓单签击奏弱音	哆
鼓单签轻打两击	隆咚
鼓双签击奏	崩/八
鼓签轮奏	嘟儿
大锣独奏	仓/匡
大锣、小锣、钹齐奏	仓/匡
大锣(或大锣、小锣、钹齐奏)弱音	顷/空
小锣独奏	台
小锣轻击	令
小锣(或小锣及钹齐奏)闷音	匝
钹独奏(或钹与小锣齐奏)	七/才
钹闷音	扑

（二）乐曲视唱

（1） 1=C $\frac{4}{4}$

1 2 3 4 | 5 - - - | 5 4 3 2 | 3 - - - |

3 5 4 3 | 2 - - - | 5 4 3 2 | 1 - - - ‖

（2） 1=C $\frac{4}{4}$

1 - 2 - | 3 3 4 - | 5 - 6 - | 7 7 i - |

i - 7 - | 6 6 5 - | 4 - 3 - | 2 3 1 - ‖

（3）1＝F 4/4　　　　　　　　　　　　　　《闪烁的小星》法国民歌

| 1　1　5　5 | 6　6　5　- | 4　4　3　3 | 2　2　1　- |

| 5　5　4　4 | 3　3　2　- | 5　5　4　4 | 3　3　2　- |

| 1　1　5　5 | 6　6　5　- | 4　4　3　3 | 2　2　1　- ‖

拓展练习

修　宝　塔

中速稍快　　　　　　　　　　　　　　　　　　　　　　　　十番锣鼓

念谱　｜1/4 仓 ｜2/4 仓 才 仓 ｜3/4 仓 才 乙 才 仓 ｜4/4 仓 才 台 才 乙 台 仓 ‖

鼓　　｜1/4 X ｜2/4 X X X ｜3/4 X X 0 X X ｜4/4 X X X X 0 X X ‖

小锣　｜1/4 X ｜2/4 X X X ｜3/4 X X 0 X X ｜4/4 X X X X 0 X X ‖

钹　　｜1/4 X ｜2/4 X X X ｜3/4 X X 0 X X ｜4/4 X X 0 X 0　　X ‖

大锣　｜1/4 X ｜2/4 X　 X ｜3/4 X　 0　 X ｜4/4 X　 0　 0　 X ‖

锣鼓经记录形式：

鼓——冬、打　　　　　铛锣——台

钹——才　　　　　　　大锣——仓

休止——乙

第 五 课

一、听听想想

老 虎 磨 牙

西安民间鼓乐

安志顺 曲

扫码聆听

（一）聆听思考

1. 从乐曲中你听出了大鼓的几种演奏方法？
2. 聆听乐曲，你能联想到老虎睡觉、老虎觅食和老虎磨牙的情景吗？
3. 完成下列表格的内容。

段落	内容	速度	力度	形象描述
第一段	老虎睡觉			
第二段	老虎觅食			
第三段	老虎磨牙			

（二）相关介绍

陕西渭北地区流行的一种民间打击乐合奏秦鼓中，有一种用鼓槌在鼓钉子上往返划的演奏方法，著名打击乐演奏家安志顺因此受到了启示，创作了《老虎磨牙》。

作者以崭新的构思和表现手法，把民间打击乐提高到一种更加艺术化的层次。乐队一共用了七件乐器：座鼓、大锣、大镲、圪塔钹、组木鱼、双云锣和拍板。各种乐器之间的微妙配合，使音响多彩，层次丰富，形象鲜明。整个作品采用了多织体的配器手法，结构紧凑，形象鲜明，演奏方法新奇，把打击乐的表现力提高到了一个新的高度。

二、吹吹打打

锦 鸡 出 山

土家族民间锣鼓
田隆信 编

$\frac{2}{4}$

念谱	呆	呆	呆 配	当	呆	呆	呆 配	当
铛锣	X	X	X 0	X	X	X	X 0	X
小钹	0	0	0	X	0	0	0	X
大钹	0	0	0 X	X	0	0	0 X	X
大锣	0	0	0	X	0	0	0	X
盆鼓	X	0	0	0	X	0	0	0

念谱	呆 配	呆 卜 卜	当 卜 七 卜 当	呆 配	呆 卜 卜	七 卜 七 卜 当
铛锣	X 0 X 0	X 0 X	X 0 X 0	0 X
小钹	0 0	X X X	0 0	X X X
大钹	0 X 0 X X	0 X 0 X X	0 X 0 X X	0 X 0 X X
大锣	0 0	X 0 X	0 0	X 0 X
盆鼓	0 0	0 X	X 0	0 X

三、学学练练

（一）乐理知识

1.看看我们乐队里的四大件：鼓、大锣、铛锣（小锣）、钹的口诀各是什么？用心记一记，会让你受益终身。

2.按照下面的川剧锣鼓经，练习小河锣鼓中《冲天炮》片段的锣鼓经，按节奏读一读，比较一下有什么不同。

川剧锣鼓经：

当——大锣单击　　　弄——马锣单击

丑——大钹单击　　　突——堂鼓单槌闷击

壮——锣、钹合击　　咚共咚共——堂鼓双槌轮击

$\frac{2}{4}$　　　　　　　　　　　　　　　　《冲天炮》

咚　咚咚｜弄　弄　｜弄不耳　龙　咚｜弄　　弄不耳｜龙 咚　咚咚｜

咚 耳 咚｜咚不耳　龙咚｜咚不耳　咚共咚共｜咚共咚共 咚｜……

（二）乐曲视唱

（1）1=F $\frac{2}{4}$　　　　　　　　　　　　　　　　　　　佚名 曲

1 1　1 2｜3 4　5｜5 5　5 4｜3 2　3｜

3 4　5 5｜4 3　2｜2 3　4 4｜3 2　1‖

（2）1=F $\frac{3}{4}$　　　　　　《生日歌》[美]帕丽·希尔·米尔切丽特 曲

5 5 6 5｜1 7 -｜5 5 6 5｜2 1 -｜

5 5 5 3｜1 7 6｜4 4 3 1｜2 1 -‖

拓展练习

小场景编创表演

1.能够选择一个有声音变化的生活场景，比如：赶集、早市、午市、散场等。

2.能用乐器模仿其中的声音，比如：赶路的脚步声、集市的喧闹声等。

3.表演中要有力度和速度的变化。

4.给自己表演的节目取一个好听的、有意义的名字。

第三单元 吹奏乐

　　流传于我国大江南北的唢呐，是人民群众喜爱的民族民间乐器之一。据有关资料统计，我国有 20 多个民族流行唢呐。同时，唢呐又是一件世界性乐器，流行于亚、非、欧三大洲的 30 多个国家。有学者认为，唢呐是一种外来乐器，起源于波斯、阿拉伯的打合簧乐器"苏尔奈"，唐之前已经开始使用，明清是唢呐艺术的繁荣时期，普遍流行于宫廷的宴饮、官场迎送及民间的吹鼓乐队等社会各阶层的活动中，已成为雅俗共赏的一件乐器。近年来，在政府有关部门的正确引导和重视下，各类民俗活动逐渐恢复，民间唢呐艺术又呈现出蒸蒸日上的繁荣局面。唢呐也是小河锣鼓的主奏乐器之一。

第 一 课

一、听听想想

百 鸟 朝 凤

1=A （筒音作2）

山东民间乐曲
任同祥 改编

【一】山雀啼晓

稍自由 清新、悠扬、生机勃勃地

【二】春回大地

♩=85 明朗、优美、充满活力地

(乐谱)

（一）聆听思考

1. 乐曲是由什么乐器演奏的？

2. 乐曲中有哪些鸟鸣叫？用什么演奏方法能模仿鸟鸣叫的声音？

3. 乐曲分为几部分，你能说说每一部分的演奏速度与情绪的关系吗？

4. 请你用简单的语言描述乐曲各部分表现的内容。

（二）相关介绍

《百鸟朝凤》是一首最早流行于河南、山东、河北、安徽等地，被称为"鼓吹乐"或"鼓乐"的民间吹打乐合奏曲，原名《十样景》。这首曲子要运用唢呐吹奏技巧中特有的吐音、滑音、花舌、指花、颤音，以及吞、吐、垫、打、抹、压等，还有舌冲音、气冲音、反弹音、反双吐、连弹音、气唇同颤音、指气同颤音等高难度技巧，将唢呐的表现力演绎到了极致，是唢呐曲目里技巧最全面的一首。它将山雀啼晓、春回大地、莺歌燕舞、林间嬉戏、百鸟朝凤、欢乐歌舞、凤凰展翅、并翅凌空 8 个乐段，以热情欢快的旋律描摹了百鸟和鸣之声，歌颂了大自然的美景，唤起人们对大自然的热爱、对劳动生活的回忆。

任同祥，山东嘉祥县人，著名唢呐演奏家。创编了《百鸟朝凤》《一枝花》《抬花轿》《庆丰收》《婚礼曲》《驻云飞》等唢呐名曲，令听众赞叹不已，回味无穷，难以忘怀。他率先使用我国的民族乐器在国际音乐比赛中夺魁，为祖国争得了荣誉，为民族器乐增添了光彩。

二、吹吹打打

（一）乐器介绍

1. 唢呐

唢呐是中国民族乐器中的吹管乐器，根据音域、音色的不同，可分为高音唢呐、次高音唢呐、中音唢呐、次中音唢呐、低音唢呐五种。唢呐历史悠久，流行广泛，发音高亢嘹亮，表演技巧丰富，有极强的表现力，深受广大人民的喜爱，并广泛应用于民间的婚、丧、礼、乐、典、祭及秧歌会、庙会等仪式演奏。

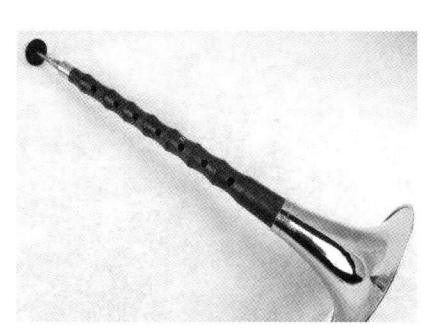

图 9　唢呐

（1）唢呐的组成部分

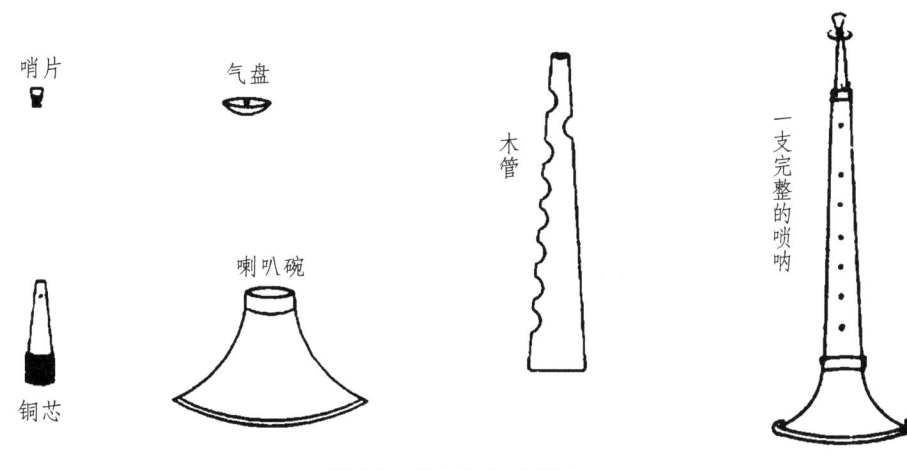

哨片　气盘

喇叭碗　木管　一支完整的唢呐

铜芯

图 10　唢呐的组成部分

哨片，是唢呐的首要部件，一般用芦苇（也有用油麦秸秆）制作而成，吹气激发哨片震动发声。

气盘，一般用有机玻璃、塑料片等材料制成，圆形，中间有孔。作用是减轻唇肌的疲劳，有利于对哨片的控制和技巧发挥。

铜芯，铜芯是哨片与木管之间的连接部件，以薄铜片卷制而成上细下粗的锥形小管，起到声音的上下传递作用。

木管，由木质纤维细密的硬木制作，对唢呐的音高和音色有重要影响。

喇叭碗，以铜片制作而成，形似喇叭，套在木管下端，主要作用是扩大音量。

（二）基本练习

说说唢呐各部件的名称，并能够将唢呐规范地拆放和组装。掌握唢呐的吹奏姿势。

1. 唢呐的持法

两手手指自然伸直，略为分开，左上右下。右手小指、无名指、中指、食指依次按第一、第二、第三、第四音孔，拇指指肚位于第二、第三音孔之间的背后；左手无名指、中指、拇指、食指依次按第五、第六、第七（木管后）、第八音孔，小指第一指肚前沿自然依附于第四、第五音孔之间的侧面。右手拇指和左手小指在全部音孔打开时负责托起唢呐，使之不至摇摆。

正确指法图　　　错误指法图

图 11

按孔的手指位置是：右手以小指第一指肚按第一孔和拇指第一指肚托管为准，其他各指自然伸直平按于各音孔之上。不能用指尖按孔，否则容易造成按孔不严、发音不正或音高不到位等现象。

2. 演奏姿势

分坐、站两种，要求头部端正，上肢伸直，胸部稍挺，仪态从容，两手自然举起唢呐，唢呐与上身夹角大概为85度，眼睛平视前方。

图 12　唢呐的持法

图 13　坐姿 　　　图 14　站姿

3. 口型与含哨

吹奏时，唇部肌肉以哨片为中心收缩，口腔内呈椭圆形，尽量避免鼓腮。

含哨位置应在两唇正中，唇边与哨座相齐，除特殊技巧外，以两唇能控制哨片的三分之二为宜。

练习唢呐的持法时，注意手指的按孔位置及要求。练习演奏姿势时，同学之间可相互纠正。

呼吸是演奏的基础。吸气的多少，决定吹奏时间的长短；吸气的快慢，影响声音的准确性；吸气的大小缓急，应与音乐所需要的情感表达相一致。

演奏中我们一般采用胸腹式呼吸，循环换气是一种较难掌握的技巧，处于初学阶段的中小学生暂不学习这个技能。每天练习胸腹式呼吸10—15分钟，对比与自然呼吸的不同之处。

按下面的节奏用"si"来练习长呼吸和短呼吸。

长呼吸：

$$\frac{2}{4} \; X \; - \; - \; - \; | \; X \; - \; - \; - \; \lor \; | \; X \; - \; - \; - \; | \; X \; - \; - \; - \; \|$$
　　Si　　　　　　　　　　　　Si

练习要求：

（1）姿势正确，抬头挺胸不耸肩，两眼平视目光直。

（2）吸气时像闻花香，又深又多；呼气时像春蚕吐丝，又细又长。呼气可以用数数的方式来练习，以30秒左右为宜。

（3）在憋气、咳嗽或者抬东西时感受腰间是如何用力的，找到呼吸的支持点。注意练习呼气时保持腰部肌肉紧张、横膈肌对抗的感觉。

短呼吸：

$$\frac{4}{4} \; \overset{\lor}{X} \; \overset{\lor}{X} \; \overset{\lor}{X} \; \overset{\lor}{X} \; | \; \overset{\lor}{X} \; \overset{\lor}{X} \; \overset{\lor}{X} \; \overset{\lor}{X} \; | \; X \; - \; - \; - \; | \; X \; - \; - \; - \; \|$$
　Si Si Si Si　Si Si Si Si

练习要求：

（1）吸气时要快，口鼻并用瞬间吸满，呼气时短促有力，腰腹部有弹性。

（2）前面8个"Si"要断开，最后这个"Si"可做力度的渐强练习。

三、学学练练

（一）乐理知识

歌曲或乐曲开始的第一个音位于小节的弱拍或强拍的弱位，叫弱起小节。小节内所缺的拍数由乐曲最后一个小节补足，首尾相加是一个完全小节。

1=F 3/4　　　　　　　　　　　　　　　《牧场上的家》英国民歌

5 5 | 5 1 2 | 3 - 1 7 | 6 4 4 | 4 - 4 4 | 5 - 1 |

1 7 1 | 2 - - | 2 - 5 5 | 5 1 2 | 3 - 1 7 |

6 4 4 | 4 - 4 4 | 3. 2 1 | 7 1 2 | 1 - ‖

（二）乐曲视唱

给下面旋律分句并标出换气记号，然后划拍视唱。

1=♭B 6/8　　　　　　　　　　　　　《土拨鼠》[德] 贝多芬　曲

3 | 6 6 6 6 | 7 1 7 6 6 | 7 7 1 7 6 | 7. 3 3 | 6 6 6 6 |

7 1 7 6 6 | 7 7 3 3 | 6. 6 6 7 | 1 1 2 2 | 3 3 2 2 |

1 7 6 1 7 6 | 7. 7 6 7 | 1 1 2 2 | 3 3 2 2 | 1 7 6 7 1 7 | 6. 6 ‖

1=C 4/4　进行曲速度　　《利剑刺不倒我们》[苏联] 丹德·波克拉斯　曲

6 7 | 1 7 6 2 3 4 | 3 3 3 0 6 7 | 1 7 6 6 5 4 | 3 - 3 0 6 7 |

1 7 6 5 5 6 | 4 2 2 0 4 6 | 5 4 3 2 1 2 | 3 - 3 0 6 7 |

1 7 6 2 3 4 | 3 3 3 0 6 7 | 1 7 6 6 5 4 | 3 - 3 0 6 7 |

1 7 6 5 5 6 | 4 2 2 0 2 4 | 3 1 1 2 1 7 | 6 - 6 0 ‖

第 二 课

一、听听想想

打枣

北方吹歌

1=A 2/4

中速

（一）聆听思考

1. 乐曲中的唢呐模仿了哪些人的声音？哪一句是小唢呐演奏的？哪一句是大唢呐演奏的？它们模仿了这些人的什么声音？

2. 这首乐曲表现的是什么样的场景呢？你能感受到音区的变换和对比吗？

（二）相关介绍

《打枣》是一首活泼风趣的唢呐独奏曲，描述了在河北农村里，爷爷和孙女在庭院里打枣的欢乐情景。独奏者持两支唢呐，用大唢呐（奏出的低音）代表爷爷，小唢呐（奏出的音比大唢呐高一个八度）代表孙女，大小唢呐轮流演奏，频繁的乐队过门十分生动地烘托了欢乐气氛。

二、吹吹打打

见下表，筒音作 $\underset{\cdot}{5}$（a），开三孔为 1（D 调）的指法。

D 调指法示意表

指法\音高\孔别	$\underset{\cdot}{5}$	$\underset{\cdot}{6}$	$\underset{\cdot}{7}$	1	2	3	4	5	$\overset{\circ}{5}$	6	$\overset{\circ}{\dot{6}}$	7	$\dot{1}$	$\dot{2}$	$\dot{3}$	$\dot{4}$	$\dot{5}$	$\dot{6}$
第八孔	●	●	●	●	●	●	●	●	○	●	●	●	●	●	●	●	●	○
第七孔	●	●	●	●	●	●	○	●	●	●	●	●	●	●	●	●	○	●
第六孔	●	●	●	●	●	○	●	○	●	●	●	●	●	●	●	○	●	●
第五孔	●	●	●	●	●	○	●	●	●	●	●	●	●	●	○	●	●	●
第四孔	●	●	●	●	○	○	●	●	●	●	●	●	●	○	○	●	●	●
第三孔	●	●	●	○	○	●	●	●	●	●	●	○	○	●	●	●	●	●
第二孔	●	●	①	○	○	●	●	●	●	●	①	○	○	●	●	●	●	●
第一孔	●	○	○	○	○	○	○	●	○	○	○	○	○	○	○	○	○	○

"●"表示按孔，"○"表示开孔。$\underset{\cdot}{7}$、1 和 3、4 是半音关系，要用气息控制或相应指法才能控制音准。

吹奏练习（筒音作 $\underset{\cdot}{5}$）：

"吐奏"：每发一个音均用说"吐"字的舌头动作吹出音头。用字母"T"表示。

（1）1=D $\frac{4}{4}$

$\overset{T}{1}$ - - - | $\overset{T}{2}$ - - - | $\overset{T}{3}$ - - - | $\overset{T}{3}$ - - - | $\overset{T}{2}$ - - - |

$\overset{T}{1}$ - - - | $\overset{T}{1}$ - - - | $\overset{T}{3}$ - - - | $\overset{T}{2}$ - 2 - | $\overset{T}{1}$ - - - ‖

2. 1=D 2/4

[乐谱]

3. 1=D 4/4

[乐谱]

（第2、3条练习一音一吐，省略了"T"记号。）

要求：吹奏姿势、手持乐器的姿势和含哨位置正确，发音平稳，节奏准确。

三、学学练练

（一）乐理知识

切分音是旋律在进行当中，由于音乐的需要，将音的基本强弱关系发生了变化，而出现的节奏变化。比如：一个音在弱拍时开始，延续到后面强音的部分，后面的强音就移到前面的弱拍部分，这就打破了正常的强弱规律，使原来的强弱关系颠倒，这种音型就叫切分音。所以，切分音一般要强奏。

包含切分音的节奏叫"切分节奏"。切分节奏与切分音不同，切分节奏由许多个音组成，而切分音只是一个音。

比如：

（1）5 5 6

（2）5 5·

（3）3 2 | 2 3

（4）1 1 3 5 5·

（5）3 5 6 5 6

（二）乐曲视唱

请用铅笔标出旋律中的切分音，然后视唱旋律。

1＝C 2/4   新疆民歌

5 1 1 | 1 1 | 7 2 1 | 7 5 | 5 2 1 | 7 6 7 1 6 | 5 - |

1 1 3 | 5 5 | 4 4 3 | 2 2 | 7 7 6 | 5 4 | 4 3 2 | 1 - ‖

1＝F 2/4   活跃、有生气地   《土风舞》捷克斯洛伐克民歌

3 3 | 5 5 | 5 4 4 5 4 4 | 2 2 | 4 4 |

4 3 3 4 3 3 | 1 1 | 3 3 | 3 2 2 | 2 |

5 5 | 6 7 | 2 1 7 2 1 | 3· 1 | 5 5 |

4· 2 7 0 6 | 5 5 6 6 7 | 2 1 7 | 2 1 1 ‖

第 三 课

一、听听想想

好汉歌

1=♯C 4/4　　　　　　　　　　　　　　　　　　赵季平 曲

（一）聆听思考

1. 你了解《水浒传》中的故事吗？唢呐演奏的主题曲体现了梁山好汉怎样的人物性格？

2. 唱一唱乐曲的主题，它在乐曲中出现了几次？每次都有变化吗？

（二）相关介绍

该曲由唢呐吹奏，歌曲结构简单，为一段式结构。整首作品由五个乐句构成，为aabcb，非方整性乐段。前两句运用了完全重复的手法。歌曲中多数运用了大跳，如纯八度、小七度、纯五度，颇有特点。

二、吹吹打打

（一）手指技巧——打音

发本音时，用手指在本音下方一至四度音孔上迅速地打一下，使所发音强劲有力，起到加重音头和渲染气氛的作用。打音符号为"丁"。注意打音按孔要快，不能显现所打音孔的音。

吹奏练习（筒音作5）：

（1）1=D 2/4

丁 丁 丁 丁 丁 丁 丁 丁 丁 丁 丁 丁 丁 丁 丁
1 2 | 3 5 | 6 - | 6 5 | 3 2 | 1 - | 2 3 | 5 6 | 1 - |

丁 丁 丁 丁 丁 丁 丁 丁 丁 丁 丁 丁 丁 丁 丁
1 1 | 6 5 | 3 - | 5 6 | 1 6 | 5 - | 6 5 | 3 2 | 1 - |

（1 2 | 3 5 | 6 - | 打音分别是 ⁵⌒1 ⁶⌒2 ⁷⌒3 ²⌒5 ³⌒6 - ）

（2）1=D 2/4　　　　　　　　　　《念故乡》[捷克]德沃夏克 曲

　丁　　　丁　　　　　　　　　丁　　　丁
3 5 5 | 3 2 1 | 2 3 5 3 | 2 - | 3 5 5 | 3 2 1 | 2 3 2 1 | 1 - |

　丁　　　丁　　　　　　　　　丁　　　丁　　　　　　　　丁
6 1 1 | 7 5 6 | 6 1 7 5 | 6 - | 6 1 1 | 7 5 6 | 6 1 7 5 | 6 - |

　丁　　　丁　　　　　　　　　丁　　　丁
3 5 5 | 3 2 1 | 2 3 5 3 | 2 - | 3 5 5 | 3 2 1 | 2 3 2 1 | 1 - ‖

(二)连奏技巧

连奏技巧指演奏时旋律音之间不间断,是表现音乐风格的重要手段之一。用连音线"⌒"表示。吹法时第一个音用吐奏外,连音线内的音保持连贯不间断。

吹奏练习(筒音作 $\underline{5}$):

(1) 1=D 2/4

| 1̂2 32 | 1 - | 1̂2 16̣ | 5̣ - | 1̂2 32 | 1 | 6̣5̣ | 15̣ 6̣1 | 5̣ - |

| 1̂2 32 | 3 - | 1̂2 32 | 1 - | 1̂2 32 | 121 | 21 6̣5̣ | 1 - ‖

(2) 1=D 2/4

| 6̣̂1 2 | 6̣ - | 6̣̂1 23 | 6̣ - | 6̣̂1 23 | 21 6̣ | 3̂2 12̣ | 6̣ - |

渐慢

| 3̂ 5 | 6 - | 3̂5 65 | 3 - | 3̂5 65 | 323 | 3̂6 12̣ | 6̣ - |

三、学学练练

(一)乐理知识

在乐音体系中,两个音之间的高低关系叫作音程。音程中,高的音叫作冠音,低的音叫作根音。比如:

冠音→ 5 - | 1 - ←冠音
根音→ 3 - | 6̣ - ←根音

音程中的两个音先后发声,叫作旋律音程。旋律音程依照进行方向,分为上行、下行、平行。比如:

```
    上行          上行          下行          下行          平行          平行
    5  6    |  1  3    |  4  7̣   |  6  3    |  1  1    |  5  5    |
     ↗           ↗           ↘           ↘           →           →
```

音程中的两个音同时发声，叫作和声音程。书写时，和声音程的上下两个音要对齐。比如：

```
‖: 3 4 5 | 3 4 5 | 4 3 2 | 1 - :‖
   1 2 3 | 1 2 3 | 2 1 7̣ | 1 -
```

音程的名称是由音程的度数和音数来表示的。音程中包含音的数目叫度数。包含全音、半音的数目叫作音数。比如："3 5" 这个音程包含了 3、4、5 三个音，所以它是三度音程。3、4 之间是半音，4、5 之间是全音，音数是 1，所以它是小三度。

在自然音阶中，3 和 4 之间，7 和 1 之间是半音小二度，其余相邻的两个音之间是全音大二度，所以在唢呐吹奏中，3 和 4、7 和 1 一定要靠气息控制，并采用正确的指法才能掌握好音准。

（二）乐曲视唱

1=C $\frac{2}{4}$　　　　　　　　　　　　　　《平原作战》革命现代京剧

```
0 5 1̇ | 6 1 6 5 3 5 6 1̇ | 5 - | 0 1 2 | 3 5 3 2 6 1 2 3 |
2 - | 0 6 5 | 3· 6 5 6 | 7· 7 1̇· 2̇ | 7 - | 0 2̇ 2̇ |
3· 6 5 6 | 7 7 2̇ 7 6 5 | 6· 5 6 | 7 7 2̇ 7 6 5 6 | 1̇ - ‖
```

拓展练习

其多列

云南哈尼族民歌

第 四 课

一、听听想想

黄 土 情

1=♭E（筒音作2） 周东朝 曲

自由地 山歌风

渐快

♩=48

深情、委婉地

（一）聆听思考

1. 感受唢呐丰富的表现力，你能听出唢呐有几种奏法？

2. 你能听出乐曲的力度、速度、情绪的变化吗？根据这些变化，尝试一下给乐曲分段。

3. 视唱下面的旋律片段，说说旋律带给你怎样的感受。

（二）相关介绍

《黄土情》是唢呐演奏家周东朝先生于1992年创作的，曾荣获中国第三届民族管弦乐展播评比独奏作品一等奖，后又被选入作者演奏的唢呐专辑中。该作品深受海内外唢呐爱好者的喜爱，成为近些年来常在舞台上演奏的优秀曲目之一。

该曲为商调式，单三段体，第一段为慢板，也是该曲的主要表现段落，特点是深情、委婉，属于典型的西北风格，有略带伤感的旋律。经过一段较长的过门，自由节奏进行到快板，给人一种情绪上的突变，强调了乐曲的矛盾变化和情绪上的冲突。而后进入全曲的高潮，表现了历尽沧桑的人们在世代繁衍的黄土地上奏响了向往未来的华彩乐章。

二、吹吹打打

（一）手指技巧——指弹音

指弹音符号为"ⅴ"，演奏本音时，在本音上方三度音孔上用手指快速地弹动（启、闭）两下，使本音形成有弹性的双音。如筒音作 5 的 5 3 1 6，通过弹指演奏，变成 5 3 3 1 6 6。由于所发音具有弹性，在音乐进行中给人以轻快、活泼之感。

吹奏练习（筒音作 5）：

1=D 2/4 （音阶式规律练习） 速度放慢

5 5 | 5 5 | 5 5 | 5 5 | 6 6 | 6 6 | 6 6 | 6 6 |

7 7 | 7 7 | ……

1=D 2/4 （在每拍的第二个音上进行指弹音练习）

1 2 | 1 6 | 5 5 | 5 5 | 5 6 | 1 5 | 1 6 | 1 2 | 1 6 |

5 6 | 1 2 | 6 5 | 1 2 | 3 3 | 3 0 | 5 6 | 5 3 | 2 2 | 2 2 |

3 5 | 3 2 | 1 1 | 1 1 | 1 2 | 3 5 | 2 3 | 2 1 | 6 5 | 1 6 | 5 5 | 5 0 ‖

（二）分奏技巧——单吐、双吐、三吐

单吐分"吐"和"库"两种吹法："吐"用说"吐"字时舌头的动作，将气冲入哨片得音，用字母"T"表示；"库"是用说"库"字的口形，将气冲入哨片得音，用字母"K"表示。

吹奏练习（筒音作 $\underset{.}{5}$）

1=D 2/4

| T K | T K | T T K K | T T K | K T | K T | K K T T | K K T |
| 1 1 | 1 1 | 1 1 1 1 | 1 1 1 | 1 1 | 1 1 | 1 1 1 1 | 1 1 1 |

| T T K | K K T | T T K K | T T K | T T K | K K T | T T K | K K T |
| 1 1 1 | 1 1 1 | 1 1 1 1 | 1 1 1 | 1 1 1 | 1 1 1 | 1 1 1 | 1 1 1 |

| T T T T | K K K K | K K K K | T T T T | T T T T | K K T T | K K T |
| 1 1 1 1 | 1 1 1 1 | 1 1 1 1 | 1 1 1 1 | 1 1 1 1 | 1 1 1 1 | 1 1 1 ‖

"双吐"和"三吐"均以"吐"或"库"交替吹奏的方式吹奏。双吐用于 ＸＸＸＸ 这种节奏型的音，奏成 吐库吐库 或 库吐库吐。三吐多用于 ＸＸＸ 或 ＸＸＸ 节奏型的音，奏成 吐 库 库 吐 库 吐 或者 库 库 吐 库 吐 库。

吹奏练习（筒音作 $\underset{.}{5}$）：

1=D 2/4

T T K T T K T T K T（下同）

| 1 1 1 1 1 1 | 1 1 1 1 0 | 2 2 2 2 2 2 | 2 2 2 2 0 | 3 3 3 3 3 3 |

| 3 3 3 3 0 | 2 2 2 2 2 2 | 2 2 2 2 0 | 1 1 1 1 1 1 | 1 1 1 1 0 ‖

T T K T T K T T K T（下同）

| 1 1 1 1 1 1 | 1 1 1 1 0 | 2 2 2 2 2 2 | 2 2 2 2 0 | 3 3 3 3 3 3 |

| 3 3 3 3 0 | 2 2 2 2 2 2 | 2 2 2 2 0 | 1 1 1 1 1 1 | 1 1 1 1 0 ‖

三、学学练练

（一）乐理知识

反复记号是乐曲部分或全部重复时，为了节省乐谱的记写而采取的一种省略方法。一般有以下几种反复记号：

序号	反复类型	标记法	唱（奏）顺序
1	从头反复记号	A ǀ B ǀ C :‖	A→B→C→A→B→C
2	从头反复记号	A ǀ B ǀ C ‖ D.S	A→B→C→A→B
3	部分反复记号	A ǀ B ‖: C ǀ D :‖	A→B→C→D→C→D
4	部分反复记号	A ǀ B ǀ C ǀ D :‖ D.S	A→B→C→D→C→D
5	反复跳跃记号	A ǀ B ǀ C ǀ D :‖ E ǀ F ‖	A→B→C→D→A→B→E→F
6	跳跃式反复记号	A ǀ B ǀ C ǀ D ‖ E ǀ F ‖ D.c　Fine	A→B→C→D→A→B→E→F
7	相同小节的反复	A ǀ ✕ ǀ ✕ ǀ	A→A→A 表示第二、三小节反复第一小节
8	小节内相同部分的反复	ǀ A ✕ ǀ	表示第二折反复第一折
9	自由反复记号	ǀ A ǀ B ǀ C ǀ	表示记号内可自由反复若干次

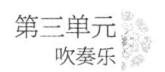

(二)乐曲视唱

1=C 4/4 中速　　　　　　　　　　　　　　　　　　　　　　吴九皋 曲

3 5 2 3 5 5 6 | 1 2 3 7 6 5 - | 1 3 1 6 5 3 3 5 | 6 1 6 5 3 2 - |

5 5 1 1 1 | 1 1 3 5 7 6 - | 1· 6 5 1 6 1 6 5 3 | 0 5 2 3 6 5 3 2 |

1 1 6 1 2 3 1 0 6 | 6 5 5 2 1 6 5 3 3 | 0 5 2 3 6 5 3 2 | 1 1 6 1 2 3 1 - ‖

拓展练习

采茶扑蝶

1=D 2/4（筒音作 5）　　　　　　　　　　　　　　　　　　福建民歌

6 5 | 3 5 6 5 | 6·5 6 | 6 1 5 | 3 6 5 2 | 3·2 3 | 6 5 6 | 3 2 3 |

3·5 3 5 | 5 3 2 | 1 6 1 2 - | 5 6 5 3 2 | 1 1 2 | 1 3 2 | 1 6 1 2 1 |

6 - | 1 6 1 2 3 - | 5 3 2 1 6 2 - | 1 3 2 | 1 6 1 2 1 | 6 - ‖

第 五 课

一、名作欣赏

一枝花

1＝G （筒音作 2）

山东民间乐曲
任同祥 改编

散板 自由 悲愤地

（一）聆听思考

1. 你能听出乐曲中唢呐模仿的"哭腔"吗？

2. 根据故事情节发展，想想音乐情绪是怎样变化的。

（这首乐曲是任同祥于1959年春根据山东的地方戏和其他民间音调编写的。他有感于自己在新中国成立后从一个民间艺人成为一位专业音乐工作者的艺术生涯，深深感到这是党对他的培养的结果。为了抒发这样的心情，他着手编写了这首独奏曲。）

（二）相关介绍

乐曲开始是一段散板，采用山东梆子里"哭腔"的音调，凄楚悲壮。接着是叙述性的慢板，柔婉动人。第三段慢起而渐快转入中板，采取《小桃红》的素材，节奏活泼，音乐轻快。之后，出现"穗子"特点的展开段落，短小音型的重复，相间出现"放轮"的长音，渲染了一种炽烈而欢腾的气氛。

二、吹吹打打

（一）手指技巧——指颤音

指颤音，民间叫指花，现在用"tr"标记。演奏本音时，快速而均匀地启、闭本音上方的一音孔，使本音与本音上方二度音交替出现，形成节律性的快速颤动，给音乐增添了活力和韵味。例如：

$\overset{tr\frown}{5}$ − − −　演奏成：**5656 5656 5656 5656** 或者更快的三十二分音符。

指颤音是指头在音孔上的独立颤动，要求指头放松、活动轻灵，颤动的频率要均匀，指头不要抬得过高。

吹奏练习：

（1）1＝D $\frac{4}{4}$ （筒音作 $\underset{.}{5}$）慢速

（2）1=D $\frac{2}{4}$　（每分钟70拍）

指 颤 音 练 习

（二）滑音技巧

音乐进行中，本音至上方或下方某一个音不是级进而是滑进，称为滑音。用带箭头的曲线标记，曲线表示圆滑，箭头指明滑进的方向或音孔。滑进音程较小的采用气滑，跨度大的采用指滑，也可气指配合滑。

吹奏练习（筒音作 5̣）

1=D 2/4 慢速

♩=60

滑 音 练 习

| 1̣6̣ 12 | 34 32 | 1̣6̣ 1 ∨ | 21 23 | 45 43 | 21 2 ∨ | 32 34 |

| 5̣6̣ 5̣4̣ | 32 3 ∨ | 42 45 | 67 65 | 42 4 ∨ | 67 65 | 45 43 ∨ |

| 5̣6̣ 5̣4̣ | 34 32 ∨ | 45 43 | 23 21 | 34 32 | 12 17̣ ∨ | 6̣7̣ 12 |

| 34 32 | 45 43 ∨ | 7̣1 23 | 45 43 | 56 54 ∨ | 12 34 | 56 54 |

| 6̣7̣ 6̣5̣ | 1 - ∨ | 6̣1 5̣6̣ | 4̣5̣ 3̣4̣ | 2̣3̣ 1̣2̣ | 7̣1̣ 6̣7̣ | 5̣6̣ 7̣5̣ | 1̣ - ‖

三、学学练练

记一记这些顺口溜，对你学习音乐会很有帮助。

终止线：一根细，一根粗，放在曲子最后处；

同学们，要记住，看见它俩就结束。

连线：身子弯弯像座桥，有长有短有大小；

桥下音，若不同，千万记住唱连贯；

桥下两音，若相同，合成一音飞过桥。

反复记号：四条竖线分两边，每边各有两个点；

唱到此处不算完，回头再来唱一遍。

延长记号：乍看像眉毛，眼珠圆又亮；
　　　　　你若碰到它，歌声要唱长。
顿音记号：黑三角，小又小，唱得轻巧短又跳。
换气记号：小尖角，头朝地，见了它，换口气。

圆滑线连线上边挂，各个音符下边滑，
换气记号张小嘴，等着妈妈把食喂；
强音记号像箭头，强劲有力向目标，
保持音记号强有力，就像汉字大写一；
圆点三角是顿音，唱的时候要跳跃，
延长音记号像月牙，圆点跳在月牙下。

同音相连像小桥，拍数时值要记牢，
圆滑线，似彩虹，异音相连唱连贯；
换气记号"对""逗"号，此处换气不忘掉，
强音记号大于号，唱到此处音增强；
保持音记号要看清，短线一横很重要，
顿音圆点黑三角，时值一半莫忘掉；
延长音记号像眼睛，根据感情唱需要，
反复记号像小门，反复重唱不要忘；
反复跳跃像球门，反复跳过要记牢，
常用记号不要忘，音乐知识真需要。

浏阳河

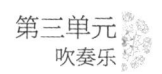

拓展练习

1=D 2/4 （筒音作 5）

中速 亲切地

唐璧光 曲
陈家齐改编

第四单元 吹打乐合奏

　　我国吹打乐流行较广，盛行于各地，如按地域，可分为粗犷豪放的北方吹打乐和细腻活泼的南方吹打乐。

　　吹打乐的演奏讲究音色丰富，气氛热烈，所配备的乐器种类繁多，如吹管乐器有笛、箫、笙、唢呐、铜管等，弓弦乐器有二胡、京胡、板胡等，弹拨乐器有琵琶、古筝、扬琴、柳琴、月琴、三弦、阮等，打击乐器有鼓、锣、镲、木鱼等。

　　吹打乐的合奏形式十分繁多，大体上可分为民间吹打乐和戏曲吹打乐两大类。民间吹打乐一般出现在年节或庆典活动场合，与狮子、龙灯、蚌舞、竹马灯、对子花鼓配合演奏。戏曲吹打乐一般是为渲染戏剧情节、刻画人物性格、配合演员动作而用。

　　请按下面的要求，组建我们自己的"乐班"吧。

一、组建"小乐班"

（一）乐班编制

1. 小型乐班：盆鼓、大锣、铛锣、小镲各 1 人，唢呐 4 人。

2. 中型乐班：盆鼓 1 人，大锣、铛锣、小镲各 2 人，唢呐 6 人。

3. 大型乐班：盆鼓、大锣、铛锣、小镲各 4 人，唢呐 12 人。

（二）选好"班主"

1. 组织能力强，有一定威望和指挥能力。

2. 能熟悉每种乐器的演奏方法和技巧，尤其要有敏锐的听觉。

3. 一般由盆鼓手或第一唢呐担任。

（三）演奏队形

一般是打击乐器在前，吹奏乐器在后，也可以吹奏乐器在前，打击乐器在后。在行进中可以交叉排列，形式相对比较灵活，以实际需要而定。

第 一 课

一、听听想想

龙腾虎跃

李民雄 曲

（一）聆听思考

1. 这是乐曲的总谱，你能从中看出些什么？
2. 听记、演唱乐曲的主题旋律，并能给乐曲分段。

（二）相关介绍

乐曲气势澎湃，激情洋溢，表现了神州大地欣欣向荣、龙腾虎跃的繁荣景象，激励着人们奋发向上。乐曲由"引子+A段+B段+A1段+尾声"组成，阵阵喧闹的锣鼓声引子之后，进入了节奏欢快的第一部分，此处吹奏乐高亢嘹亮、曲调明快，情绪铿锵有力，之后唢呐奏出了节奏舒展、旋律优美的主题。第二部分是鼓的独奏，密集的鼓点一浪接一浪，激烈动感、扣人心弦。第三部分又回到了第一部分，尾声节奏拉宽，在高潮中结束乐曲。

李民雄，浙江嵊州市仙岩乡人，上海音乐学院教授、硕士研究生导师，民族音乐理论家、鼓演奏家、作曲家、音乐教育家，享受国务院政府特殊津贴。主要著作有《传统民族器乐曲欣赏》《民族器乐知识广播讲座》《中国民族音乐大系·民族器乐》《民族器乐概论》《中国打击乐》《青少年学民族打击乐》等。

二、吹吹打打

下面是小河锣鼓中的一个练习片段，请同学们小试身手。

$1=D$ $\frac{2}{4}$ （筒音作 $\underline{5}$）

唢呐	1 3 2	5̇ 6̇ 5̇	1 3 2 1	5̇ 6̇ 5̇
盆鼓	X X X	X X X	X X X X	X X X
大锣	X X	X X	X X	X X
铛锣	X X 0	X X 0	X X 0	X X 0
小镲	0 X	0 X	0 X 0 X	0 X

1 3 2	5̇ 6̇ 5̇	1 6̇ 2 1	5̇ 6̇ 5̇
X X X	X X X	X X X X	X X X
X X	X X	X X	X X
X X 0	X X 0	X 0 X 0	X X 0
0 X	0 X	0 X 0 X	0 X

竹 马

1=D 2/4 （筒音作 5̣） 儿歌

```
‖ 5    3 2 | 1 2  3 2 | 1    1   | 1    -  ‖
  X  X  X  | X X  X   | X  X X X | X  X  X
  X     X  | X    0   | X    X   | X    0
  X  X  0  | X X  0   | X 0 X 0  | X  X  0
  0     X X| 0   X X  | 0 X 0 X  | X    0
```

演奏提示

1. 准确地读谱，要求每个队员都要熟悉每件乐器的乐谱。

2. 准确演奏各自的乐谱,铛锣和小镲注意后半拍的休止符,节奏要准确。

3. 控制速度，慢速开始，可以作速度的变化练习。

4. 控制打击乐器演奏的力度和音色。

5. 自己编排乐曲演奏的段落，注意乐曲演奏的起和收，同时变化演奏形式，如领奏（1件）、齐奏2至3件、合奏（全部）。

每次的排练都应该有一个小小的总结会，以便于大家总结经验、吸取教训，提高今后的排练速度和质量，时间可长可短，大家各抒己见，最好有一个记录员梳理一下大家的意见。这个习惯对于我们小"乐班"的成长很有好处，希望大家坚持做下去。

三、学点乐理知识

节奏和节奏型：

将长短相同或不同的音按一定的规律组织起来叫作"节奏"。节奏是音乐中最重要的表现手段之一。

我们在前面已经学习过各种长短不同的音符节奏，比如：

全音符：X - - -　　　二分音符：X -

四分音符：X　　　　　八分音符：X̲

十六分音符：X

还有附点音符节奏

附点四分音符：X· = X + X

附点八分音符：X· = X + X

拓展练习

下面《瑶族舞曲》片段的节奏是什么？用"da"读一读。

瑶 族 舞 曲

1=♭B 2/4　　　　　　　　　　　　　　　　彭修文 曲

在歌曲中反复出现的有一定特征的、典型意义的节奏叫作"节奏型"。节奏型在音乐表现中具有很重要的意义。在歌曲中运用某些节奏型，使人易于感受及便于记忆，也有助于歌曲结构上的统一和音乐形象的确立。

例如：下面两个乐句的节奏型是相同的，"X X X X ｜"的节奏型贯穿其中：

1=D 4/4　　　　　　　　　　《欢乐颂》[德]贝多芬 曲

前面"吹吹打打"练习中的小河锣鼓片段中各种打击乐的节奏型是什么？这些节奏型有什么规律？这种规律对我们今后的演奏很有用处。

第 二 课

一、听听想想

十送红军

江西民歌
朱正本 张士燮 收集整理

$\|: \quad 5 \quad 5 \quad \widehat{6 \ \dot{1}} \ \widehat{6 \ 5} \ | \ \overset{5}{\mathtt{Z}}3 \ 5 \ (3 \ 5 \ 3 \ 2) \ | \ \dot{1} \ \dot{1} \ \dot{2} \ \widehat{\dot{3} \ \dot{2}}\ \widehat{3 \ 1} \ |$

$\dot{2} \ (\dot{2} \ 5 \ \dot{2} \ 5 \ \dot{2} \ \dot{3}) \ | \ \dot{1} \ \dot{1} \ \dot{2} \ \widehat{\dot{3} \ \dot{2}} \ \dot{3} \ | \ \dot{2} \ \dot{3} \ (\widehat{\dot{2} \ \dot{3}} \ \dot{2} \ \dot{1}) \ |$

$\widehat{6 \ \dot{1}} \ 5 \ 6 \ 7 \ 6 \ | \ 5 \ (5 \ 3 \ 2 \ 1 \ 2 \ 3) \ | \ 5 \ 5 \ 6 \ \widehat{\dot{1} \ \dot{3}} \ |$

$\dot{2} \ \dot{1} \ (7 \ 6) \ | \ 5 \ \ \widehat{6 \ \dot{1}} \ \widehat{6 \ 5} \ | \ \overset{5}{\mathtt{Z}}3 \ (3 \ 5 \ 3 \ 5 \ 3 \ 2) \ |$

$\dot{1} \ \dot{1} \ \widehat{\dot{2} \ \dot{2} \ \dot{3}} \ | \ \dot{2}. \ \widehat{\dot{3} \ 5 \ 3 \ 5} \ | \ \dot{2} \ \widehat{\dot{2} \ \dot{2}} \ 6 \ \widehat{5 \ 6 \ \dot{1}} \ |$

$\dot{2} \ (\dot{2} \ 5 \ \dot{2} \ 5 \ \dot{2} \ \dot{3}) \ | \ \dot{1} \ \dot{1} \ \widehat{\dot{2} \ \dot{3}} \ | \ 5 \ 6 \ 5 \ \overset{5}{\mathtt{Z}}3 \ |$

$\widehat{\dot{1} \ \dot{1} \ 6 \ 5 \ 3 \ 5 \ 6} \ | \ \dot{1} \ - \ | \ \dot{1} \ \dot{2} \ \widehat{\dot{3} \ \dot{2} \ \dot{3}} \ |$

$\qquad\qquad\qquad\qquad\qquad\qquad\qquad\ \ ^{1.-3.}\qquad\qquad\quad ^{结束句.}$

$\dot{2} \ \dot{3} \ (\widehat{\dot{2} \ \dot{3} \ \dot{2} \ \dot{1}}) \ | \ \widehat{6 \ \dot{1}} \ 5 \ 6 \ 7 \ 6 \ | \ 5 \ - \ | \ 5 \ - \ \|$

（一）聆听思考

1. 听一听演唱版与唢呐演奏版，说说你的感受。

2. 唱一唱主旋律，并试着用你的唢呐吹一吹。

（二）相关介绍

歌曲《十送红军》作为电视连续剧《长征》的插曲、片尾曲，其悠扬而凄婉的歌声给人们留下了难忘的印象。歌词以叙事为基础，并借叙事来表达革命根据地人民对红军的深厚感情以及对革命胜利的强烈期盼。歌词采用情景交融、借景抒情的手法，使人感到情真意切、难舍难分。旋律的结构为ABABACA。应该说，各段之间都有着内在的联系，采用回旋曲式手法，从而使整首歌曲风格统一。由歌曲改编的唢呐曲更为感人。

二、吹吹打打

东 方 红

1＝D $\frac{2}{4}$ （筒音作 $\underline{5}$）

陕北民歌

唢呐	5	5 6	2	—	1	1 6	2	—
盆鼓	X	0	X	X	X	0	X	X
大锣	X	0	0	0	X	0	0	0
铛锣	X	X	X	X	X	X	X	X
小镲	0	X	0	X X	0	X	0	X X

小河锣鼓 基础教程

信 天 游

1=D 2/4 （筒音作 5̣） 　　　　　　　　　　　　陕北民歌

唢呐	6 6 6̣	2 1 2 3	6 6 5 6 5	3 —
盆鼓	X 0	X X	X 0	X X
大锣	X 0	0 0	X 0	0 0
铛锣	X X	X X	X X	X X
小镲	0 X	0 X X	0 X	0 X X

6 6 6̣	2 1 2 3	5 3 2 1 3 2 1	6̣ —
X 0	X X	X 0	X X
X 0	0 0	X 0	X 0
X 0 X 0	X 0 X 0	X 0 X 0	X X
0 X	0 X X	0 X	X 0

三、学点乐理知识

（一）音乐的速度

音乐进行的快慢叫音乐的速度。速度（Tempo）是一个非常重要的音乐表现要素，它影响了作品的情感与演奏难度。

根据乐曲的内容、风格，音乐的速度大致可以分为慢速、中速和快速三类。一般说来，激动、兴奋、欢乐、活泼的情绪是与快速相配合的；田园的、比较抒情的则往往与中速度相配合；而颂赞歌、挽歌、沉痛的回忆等则多与慢速相配合。

常用的速度用语包括基本速度和变化速度两种。

基本速度记号用来标记全曲或整段音乐的速度，如中速（或中板）、慢速（或慢板）、快速（或快板）、急速（或急板）等，记在乐曲或段落的开始。

Grave 庄板　　　　　　　Largo 广板

Lento 慢板　　　　　　　Adagio 柔板

Larghetto 小广板　　　　Andante 行板

Andantino 小行板　　　　Moderato 中板

Allegretto 小快板　　　　Allegro 快板

Vivace 急快板　　　　　Prest 急板

Prestissimo 最急板

（二）变化速度

临时（变化）速度记号，用来标记乐曲进行中速度的改变。如渐快、渐慢（或 rit.）、原速等。

Ritardando 缩写 rit. 渐慢　　accelerando 缩写 accel 渐快

Ritenudo 缩写 riten 突慢　　A Tempo 原速

拓展练习

1. 尝试用快、慢、原速等不同的速度演奏同一首乐曲，比较一下音乐的情绪、情感等有什么变化。

2. 尝试用渐快、渐慢等变化速度演唱一首歌曲，感受不同的歌曲形象。

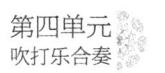

第 三 课

一、听听想想

大得胜

晋北鼓乐

1=F （筒音作1）

【引子】慢起渐快

（大鼓） （大锣）
卅（冬隆 0 冬 冬 冬冬 冬冬 冬冬冬冬 — 匡 匡 匡） 6 - - -
ff （唢呐仿马嘶声）

【一】将军令 慢起渐快 ♩=68—168

2/4 i6 i6 | i62 16 | 56 43 | 21 63 | 21 56 | 56 56 | 56 56 | 66 66 |
（匡 匡 匡）

♩=168
6666 | 2 - | 2 - | 2 - | 2 - | i - | i - |
（嘟 隆 冬 乙 才 才 匡 —）

2124 | 2124 | 2124 2 | 4i 42 | 4i 42 | 4i ↗ 4i ↗ | 4i 4i |

♩=180
4 - 4 0 | 3.3 33 | 33 33 | 36 53 | 3/4 23 13 23 |
(嘟 隆 冬 乙 才 才 匡 —)

53 23 | 13 23 | 35 i6 | 2/4 53 23 | i3 2i | 23 2i |
(乙 才 乙 匡 匡 乙 才 乙

（一）聆听思考

1. 乐曲描绘了怎样的一出场景？唢呐模仿了哪些声音？
2. 乐曲分为几个段落？为什么？

（二）相关介绍

《大得胜》是流行于山西五台山、定襄山、原平等地的非常著名的一首吹打乐，源自古代将士出征凯旋、荣归庆功等场景，热情奔放，红火热闹。演奏粗犷有力，气势磅礴。常用于庙会、婚礼等喜庆场景中。

二、吹吹打打

拥护八路军

$1=D$ $\frac{2}{4}$ （筒音作 $\underline{5}$）　　　　　　　　　　　陕北民歌

唢呐	3　5　　6	i　i　　6	5　5 3　5　i	5　　—
盆鼓	X　　0	0　　0	X　　0	0　　0
大锣	0　　0	X　　0	0　　0	X　　0
铛锣	X　　0	X　　0	X　　X	X　　X
小镲	0　　X	0　　X X	0　　X	0　　X X

3　5　　6 6	i　6　5　3	2　2 1　2　3	2.　　3
X　　0	0　　0	X　　0	0　　0
0　　0	X　　0	0　　0	X　　0
X　　0	X　　0	X　　X	X　　X
0　　X	0　　X X	0　　X	0　　X X

第四单元 吹打乐合奏

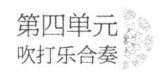

扎红头绳

歌剧《白毛女》选段
马可、张鲁 曲

$1=D$ $\frac{2}{4}$ （筒音作 $\underline{5}$）

演奏提示：

1. 吹奏唢呐时，音符要吹清楚，特别要注意后十六分音符节奏。

2. 要准确地把握好打击乐器节奏，注意各种音色之间的和谐、音量之间的均衡。

3. 用欢快的速度来演奏两首乐曲，注意要控制节奏，以免抢速度。

4. 注意力度的变化。

四、学点乐理知识

（一）音乐的力度

音乐中音的强弱程度叫作力度。

力度变化是重要的音乐表现手段。它可以表达丰富的情感，并形成音乐的对比和发展。一般来说，力度越强，音乐越紧张、雄壮；力度越弱，音乐越缓和、委婉。如表现万众欢腾、凯旋的场景，就要大型乐队全奏、强奏（全奏是指整个乐队都演奏，音区从低到高都包括在内），而鸟语花香、轻缓柔美的场景，就不能使用很强的力度了。

力度在音乐中的变化是非常细致而复杂的，如果把一切细微的力度变化都标记出来显然是不可能的，也是不必要的，每个演奏家都会根据作品以及自己的感觉来做出具体、细致的变化。

和音区一样，力度是一个相对的概念。歌（乐）曲中的强弱对比，在乐谱上通常采用意大利语来标记力度。

常用的力度记号如下：

简写	含义	标记	意大利文
pp	很弱	*pp*	Pianissimo
p	弱	*p*	Piano
mp	中弱	*mp*	Mezzo-Piano
mf	中强	*mf*	Mezzo-forte
f	强	*f*	Forte
ff	很强	*ff*	Fortssimo
dim.	渐弱	﹥	Decresc 或 Decrecendo
cresc.	渐强	﹤	Cresc. 或 Crescendo
sf	个别音加强	*sf*	Sforzando
fp	强后即弱	>	Forte Piano

拓展练习

试着在前面的合奏曲中，设计一些的力度记号，再按这些记号进行演奏。

第 四 课

一、听听想想

阿细跳月

云南彝族民歌

1=F 5/4 4/4

（一）聆听思考

1. 这首乐曲中的吹奏乐器除了唢呐以外，你能听出还有哪些？

2. 乐曲的主题出现了几次？旋律主要以哪几个音为骨干音？每个乐句的结尾有什么特点？

3. 乐曲的节拍有什么特点？跳一跳彝族"跳月"的基本动作，唱一唱、吹一吹下面的片段。

$1=D\ \dfrac{5}{4}$

| $\underline{\dot{5}\ 1}$ $\underline{\dot{3}\ 1}$ $\underline{3\ \dot{5}}$ $\underline{2\ 1}$ | $\underline{5\ 3}$ $\underline{3\ 1}$ $\underline{3\ \dot{5}}$ $\underline{2\ 1}$ |
| X X | X X |

| $\underline{\dot{5}\ 1}$ $\underline{\dot{6}\ 1}$ $\underline{3\ \dot{5}}$ $\underline{2\ 1}$ | $\underline{5\ 5}$ $\underline{3\ 1}$ $\underline{3\ \dot{5}}$ $\underline{2\ 1}$ ‖
| X X | X X |

（在"××"处拍手或踢腿、跺脚）

（二）相关介绍

《阿细跳月》是彝族阿细人最具代表性的民族民间舞蹈，阿细跳月，阿细语称"嘎斯比"，即"欢乐跳"之意，因多在月光下、篝火旁起舞，故名阿细跳月。阿细跳月也称"阿西跳月""跳乐"，自称"阿细""撒尼"的彝族民间传统舞蹈。它发源于云南省弥勒市西山阿细人聚集区，流行于云南弥勒、路南、泸西等地。阿细跳月的主要动作有三步一蹦跳、拍掌、跳转等。

二、吹吹打打

黄扬扁担

$1=D\ \dfrac{2}{4}$ （筒音作 $\underline{5}$）　　　　　　　　　　四川民歌

唢呐	(6 6 5 3 5 3	2. 5 3	2 3 3 2 1	$\dot{6}$ $\dot{6}$)	3 5 3 5 3 5
盆鼓	X 0	X 0	X 0	X 0	X X
大锣	X 0	0 0	0 0	0 0	X 0
铛锣	0 0	0 0	0 0	0 X	0 0
小镲	X XX	X XX	X XX	X 0	0X 0X

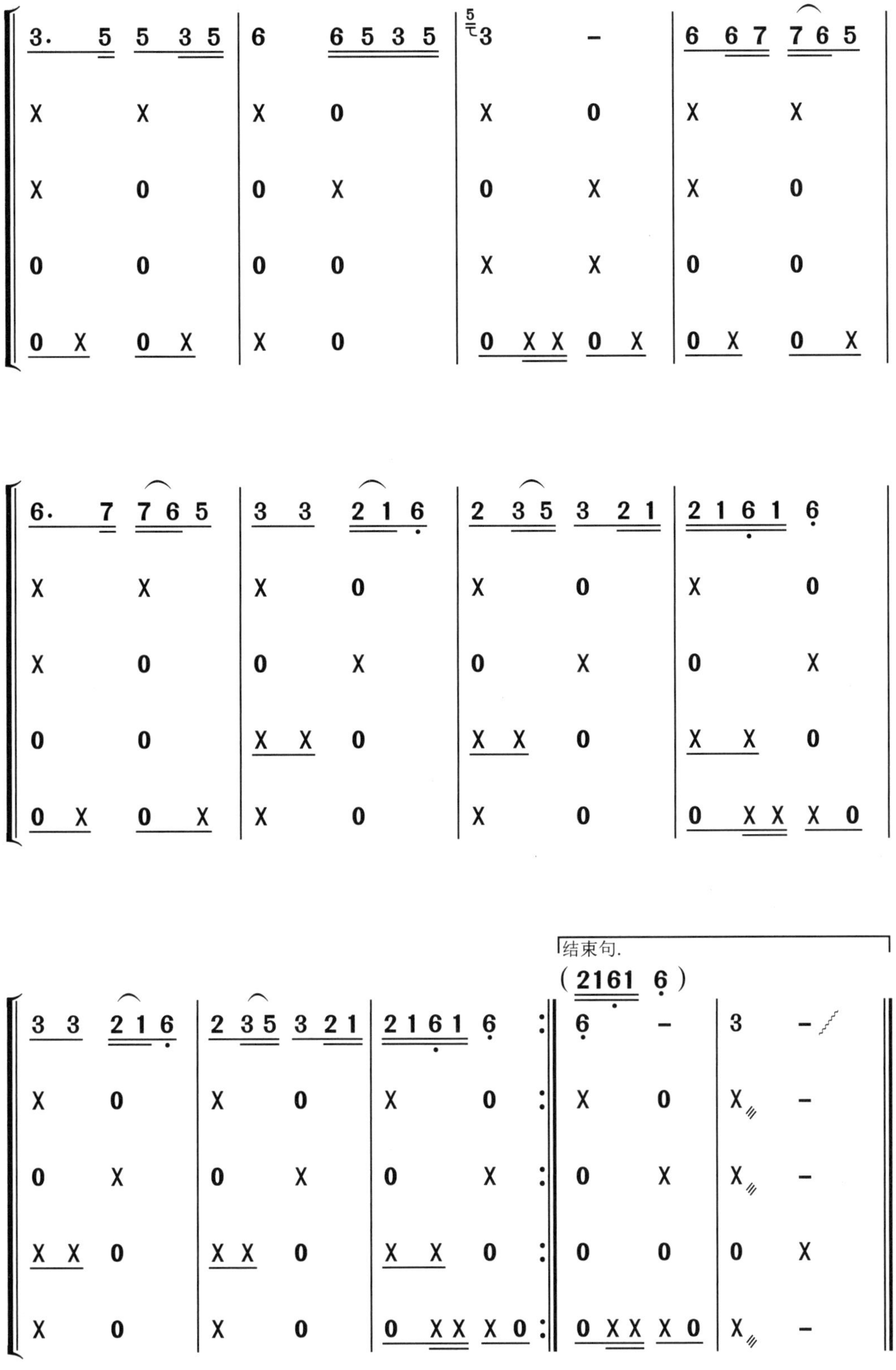
结束句.

卖 报 歌

1=D 2/4 （筒音作 5̣）　　　　　　　聂耳 曲

演奏提示：

1. 吹奏唢呐时，每个音符要吹清楚。

2. 准确地把握好打击乐器的节奏，特别是后半拍起拍的节奏。

3. 注意各组乐器音色之间的和谐、音量之间的均衡。

三、学点乐理知识

（一）单拍子和复拍子

每小节有两个或三个单位拍的拍子，叫单拍子。如 $\frac{2}{4}$、$\frac{3}{4}$、$\frac{2}{2}$、$\frac{3}{8}$ 等。每个小节只有一个强拍。

由同类单拍子组合成的拍子叫复拍子。如 $\frac{4}{4}$、$\frac{6}{8}$、$\frac{9}{8}$、$\frac{12}{8}$ 等。每小节不止一个强拍，强拍数目与复拍子的单拍子的数目相同，第一个强拍比后面的强拍都强。

（二）混合拍子和变换拍子

由二拍的单拍子和三拍的单拍子，按不同次序组成的拍子叫混合拍子。如 $\frac{5}{4}$ 是由 $\frac{2}{4}+\frac{3}{4}$ 或 $\frac{3}{4}+\frac{2}{4}$ 组成，$\frac{7}{4}$ 是由 $\frac{2}{4}+\frac{3}{4}+\frac{2}{4}$ 或 $\frac{3}{4}+\frac{2}{4}+\frac{2}{4}$ 组成。

在同一首歌曲中，两种或两种以上的拍子交替出现的拍子叫变换拍子。变换拍子的变换可能是有规律地循环出现，一般用并列的拍号如 $\frac{2}{4}$、$\frac{3}{4}$ 一次标明；也可能是不规律地循环出现，则在乐曲开始变换前加以标明。

拓展练习

1. 歌曲的曲谱中标有 $\frac{2}{4}$、$\frac{3}{4}$、$\frac{3}{8}$、$\frac{6}{8}$ 等符号是什么意思？

2. $\frac{3}{4}$ 的歌曲是单拍子还是复拍子？$\frac{9}{8}$、$\frac{7}{4}$ 的歌曲呢？

3. 什么叫混合拍子？它与变换拍子的区别是什么？

第 五 课

一、听听想想

黄 土 高 坡

自由地　　　　　　　　　　　　　　　　　　　　　　　　苏越 曲

每分钟124拍

（一）聆听思考

1. 对比聆听演唱版和演奏版，说说唢呐在表现西北风音乐风格中的表现作用。

2. 乐曲的引子部分与主题部分有哪些不同？分别给你怎样的感觉？

3. 演唱并用唢呐演奏第一乐段。

（二）相关介绍

黄土高坡是中国北方地区的常见地形。20世纪80年代末，由陈哲作词、苏越作曲的同名歌曲《黄土高坡》首唱于CCTV《同一祖先》大型晚会。1988年，著名歌手范琳琳用西北风声腔演唱《黄土高坡》使这首歌曲风靡一时，街知巷闻，引发了中国歌坛西北风大流行。歌曲高亢豪放、激情昂扬，让改变人生命运的热望在无尽思索中滚滚向前。

二、吹吹打打

南 泥 湾

1=D 2/4 （筒音作 5） 马可 曲

乐器	第1小节	第2小节	第3小节	第4小节
唢呐	5 55 6 1	3. 2 1 6	2 22 3 5	1. 6 5
盆鼓	X 0	0 0	X 0	0 0
大锣	0 0	X 0	0 0	X 0
铛锣	X 0	X 0	X X	X X
小镲	0 X	0 X	0 X	0 X

第四单元 吹打乐合奏

温馨提示：

1. 熟悉歌曲的词曲，准确把握乐曲的音乐风格，为演奏做准备。

2. 为各类打击乐乐器设计节奏型。

3. 注意各个乐器之间的音量均衡和音色和谐。

三、学点乐理知识

民乐中的"板眼"

在我国的民间音乐中,是用板和眼来标记节拍和拍子的。板表示强拍,眼表示弱拍和次强拍,眼又分头眼、二眼、中眼、末眼等。

例如,二拍子叫作一板一眼(即一眼板),"原板"就属于这种板式,其速度适中,是我国戏曲音乐中各种板式的基础。

三拍子叫作一板二眼,四拍子叫作一板三眼,一拍子叫作有板无眼。另外还有八拍子叫作加赠板一板三眼。

无板无眼也是一种特殊板式,如"散板""导板""摇板""滚板""叫板"等均属此类,特点是没有固定强弱规律,表演者可以自由处理。

拍子 板式名称 拍数	第一拍	第二拍	第三拍	第四拍	第五拍	第六拍	第七拍	第八拍
一拍子	有板无眼	板							
二拍子	一板一眼	板	眼						
三拍子	一板二眼	板	头眼	末眼					
四拍子	一板三眼	板	头眼	中眼	末眼				
八拍子	加赠板一板三眼	头板	头眼	中眼	末眼	腰板	头眼	中眼	末眼

拓展练习

1. 民乐中的板与眼和节拍中的强拍和弱拍是什么关系?举例说明。

2. 唱一唱下面的歌曲,说说它的板和眼是什么?

我是中国人

金国贤 曲

1=F 1/4

中速

（5̲ | 1̇ | 0 1̇ | 6 5 | 4. 3̲ | 2 3̲ 5̲ | 0 5 | 3 2 | 1̲ 2̲ 1̲ 2̲ |

3̲ 5̲ | 2 1 | 6̲. 2̲ | 1 0 | 6̲.̣ 1̲ | 2 2 | 2 2 | 2 2 | 2 2 |

渐慢

2 5 | 2 1 | 6̲ 1̲ 6̲ 1̲ | 2̲ 1̲ 2̲ 3̲ | 5 1̇ | 3. 2̲ | 1 2̲ 1̲ | 6̲ 5̲ | 5 5）|

‖: 6̲.̣ 2̲ | 1 | 0 3 | 2̲ 1̲ | 3̲ 2̲ | 3 | 2 | 0 2̲³̲ | 2̲ 1̲ | 6̣ |

3 | 3. 3̲ | 2̲ 1̲ | 1 | 0 3 | 2̲ 1̲ | 6̲.̣ 1̲ | 0 1 | 6̲.̣ 2̲ | 1̲ 2̲ |

3 | 2 | 0 3 | 2̲ 3̲ | 5 | 5 | ³⁵̲ | 2̲ 1̲ | 1 | 6̲.̣ 3̲ | 2 |

0̲ 1̲ | 3 | 3̲ 3̲ | 2̲ 1̲ | 6̲ | 0 1 | 2̲ 3̲ | 2̲ 1̲ | 6̲. 1̲ |

6̲.̣ 1̲ | 2̲ 3̲ | 1̲ 2̲ | 3 | 5 | 5 | 5 | 5 | 5 | 5 | 5 | 5 |

(1̲ 1̲ | 1̲ 1̲ | 1̲ 2̲ 3̲ 5̲ | 2̲ 3̲ 5̲ 6̲ | 1̇ 0) | 1 | 1 | 1 | 1 | 1 |

第五单元 小河锣鼓经典曲目

三 幺

第五单元
小河锣鼓经典曲目

小河锣鼓
基础教程

第五单元
小河锣鼓经典曲目

演 奏 者：黄兴友乐班
采 录 者：刘厚中、苟中明、黄立科
记谱整理：刘天拯

第五单元
小河锣鼓经典曲目

第五单元
小河锣鼓经典曲目

演奏者：黄兴友乐班
采录者：刘厚中、荀中明、黄立科
记谱整理：刘天拯

六 幺

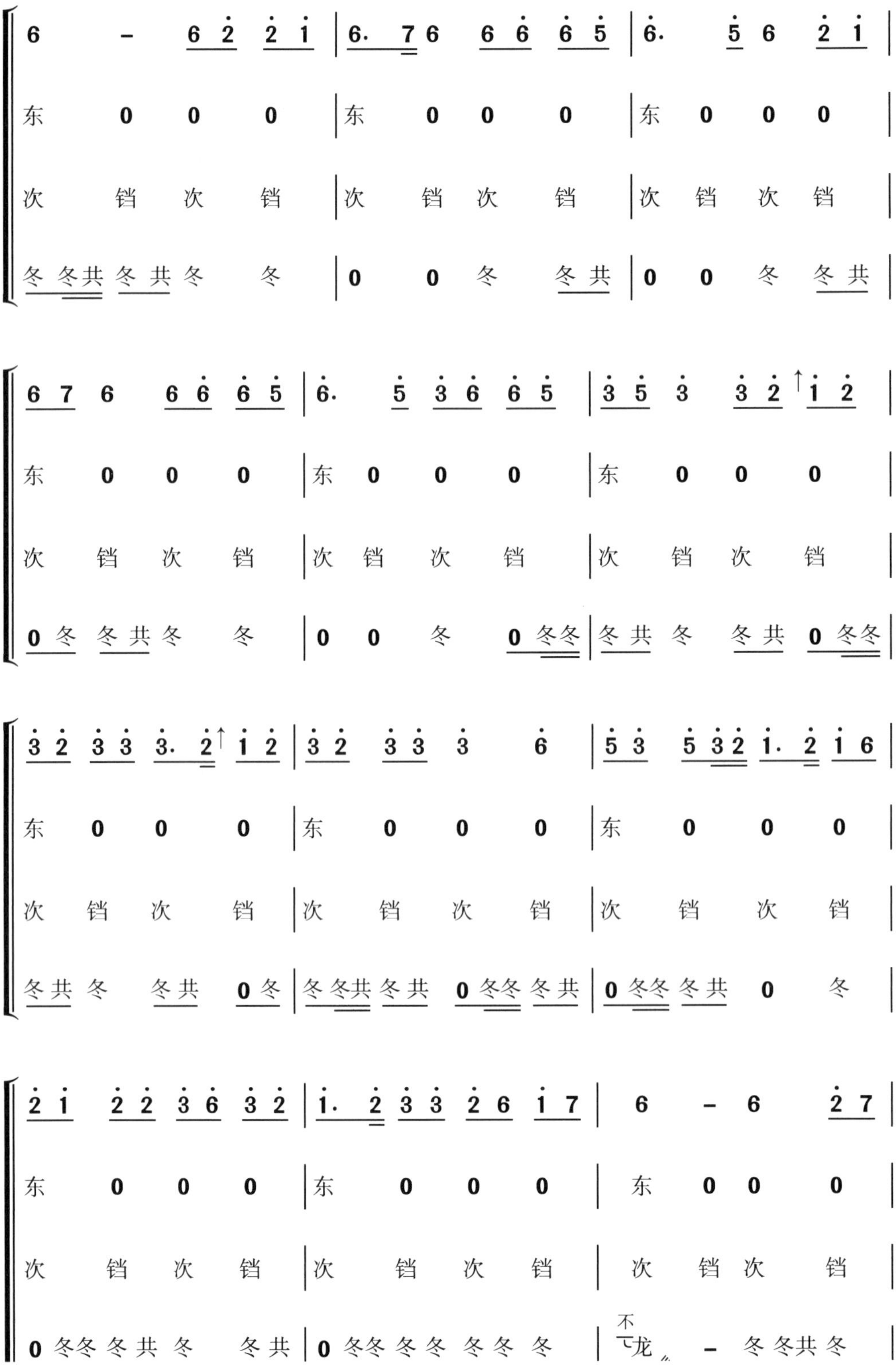
东 0 0 0 | 东 0 0 0 | 东 0 0 0
次 铛 次 铛 | 次 铛 次 铛 | 次 铛 次 铛
冬 冬共 冬 共 冬 冬 | 0 0 冬 冬 共 | 0 0 冬 冬 共
东 0 0 0 | 东 0 0 0 | 东 0 0 0
次 铛 次 铛 | 次 铛 次 铛 | 次 铛 次 铛
0 冬 冬 共 冬 冬 | 0 0 冬 0 冬冬 | 冬 共 冬 冬 共 0 冬冬
东 0 0 0 | 东 0 0 0 | 东 0 0 0
次 铛 次 铛 | 次 铛 次 铛 | 次 铛 次 铛
冬共 冬 冬共 0 冬 | 冬 冬共 冬 共 0 冬冬 冬 共 | 0 冬冬 冬 共 0 冬
东 0 0 0 | 东 0 0 0 | 东 0 0 0
次 铛 次 铛 | 次 铛 次 铛 | 次 铛 次 铛
0 冬冬 冬 共 冬 冬 共 | 0 冬冬 冬 冬 冬 冬 冬 | 不龙 – 冬 冬共 冬

第五单元
小河锣鼓经典曲目

演奏者：黄兴友、乐班

采录者：刘厚中、荀中明、黄立科

此后曲目由重庆市渝北区大湾镇"小河锣鼓"部分传承人整理。

长 针 线

1=C 4/4 3/4

♩=100

盆鼓 / 大锣 / 镲 / 铛锣

本 一 四 七

1=C 4/4 3/4

♩=100

盆鼓	咚度 0 0 0	0 度 0 0	0 0 0 0	0 0 0
大锣	0 0 X X	X 0 0 X	0 X 0 X	0 X 0 X 0
镲	0 0 X X X	0 X 0 X 0	X 0 X 0 X	0 0 X
铛锣	铛铛 铛铛 铛 铛	铛铛 铛铛 铛铛	铛铛 铛铛 铛铛	铛 0 铛 0 铛

| 0 0 0 | 0 0 0 0 | 0 0 0 0 ‖
| X 0 X 0 X | 0 X X 0 X | 0 X X 0 X ‖
| 0 X X 0 X | X X 0 0 X 0 | X X 0 0 X X ‖
| 铛铛 铛铛 铛 | 铛铛 铛铛 铛铛 铛 | 铛铛 铛铛 0 铛 ‖

挂 带 牌 一

$1=C$ $\frac{4}{4}$ $\frac{3}{4}$

♩ = 100

盆鼓	咚咚 咚．不龙同度	0 0 0 0	咚咚 咚．不龙同度
大锣	0 0 0 0	X X 0 X 0 X	0 0 0 0
镲	0 0 0 0	X X X X 0 X X	0 0 0 0
铛锣	0 0 0 0	铛铛 铛铛 铛铛 铛	0 0 0 0

0 0 0 0	龙同度 0 0	龙同度 0 0
X X 0 X 0 X	0 0 X 0 X	0 0 X 0 X
X X X 0 X X	0 0 X X X	0 0 X X X
铛铛 铛铛 铛铛 铛	0 0 铛铛 铛	0 0 铛铛 铛

0 0 0 0	0 0 0 0	龙同 0 0	0 0 0 0
0 0 0 0	0 0 0 X	0 0 X	X 0 X 0 X
X X 0 X 0 X X	X X 0 X 0 X 0	0 X X	0 X 0 X X
铛铛 铛铛 铛铛 铛铛	铛铛 铛铛 铛铛 铛铛	铛 铛 铛	铛 铛 铛

下 八 牌

1=C 4/4 3/4

♩=100

年 八 牌

$1=$ C $\frac{4}{4}$ $\frac{3}{4}$

♩ = 100

花 一 四 七

1=C 4/4 3/4
♩=100

(percussion score for 钹, 大锣, 鼓, 铛锣)

第五单元
小河锣鼓经典曲目

本 一 四 七

1=C 4/4

第五单元
小河锣鼓经典曲目

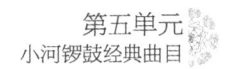

云 月 师

第五单元
小河锣鼓经典曲目

挂 带 牌

1＝C 4/4 2/4

第五单元
小河锣鼓经典曲目

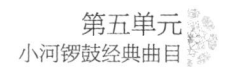

参考书目

1. 杨向东，杨展雄，杨天福. 中国民间吹打乐[M]. 长沙：湖南文艺出版社，2000.

2. 陈家齐. 唢呐基础教程[M]. 北京：同心出版社，2012.

3.《中国民族民间器乐曲集成》（重庆市卷，内部资料），1989.

4. 王安国. 中小学音乐备选素材（上册）[M]. 长沙：湖南文艺出版社，2013.

5. 李重光. 音乐理论基础[M]. 北京：人民音乐出版社，1962.

6. 贾方爵. 基本乐理[M]. 重庆：西南师范大学出版社，2010.

后记

  本书的编写主要由重庆市特级教师、学科带头人、骨干教师组成的"刘启平音乐名师工作室"学员和大湾镇中小学的音乐教师等执笔编写，在编写过程中得到了中共重庆市渝北区委宣传部、渝北区文化委员会、渝北区非物质文化保护中心、中共重庆市渝北区大湾镇委员会、渝北区大湾镇人民政府等部门的大力支持，得到了渝北区张广莉副区长、渝北区文化馆群众文化活动专家苟中明老师及"小河锣鼓"传承人罗范平、冉崇荣等师傅的悉心指导，经过大湾镇文化服务中心多方协调，在编写体例、曲目的整理和演奏技术等方面给予了诸多帮助，同时也借鉴和参考了国内民间吹打乐和唢呐演奏的相关书籍文献，在此一并表示衷心感谢。但因时间仓促，编者能力和水平有限，其中疏漏谬误等不足之处难免，敬请各位同行批评指正、不吝赐教，以利今后不断改进，共同发展。

顾　　问：苟中明　罗范平　冉崇荣

本书编写人员名单：

主　　编：刘启平

副主编：杨忠英　陈恒国　贾　明　潘　恩

编　　委：白　兵　陈居明　孙　琴　余朝宏　吴艳华　张　力
　　　　　谢淑琴　周　彦　李蕊君　朱晓娜　谢　娟　白苇娜
　　　　　黄　燕　付婷婷　张妙来　谢远国　赵春娟　詹天勇
　　　　　丁　强　杜治强　段　奎　荣召春　曹德军

《小河锣鼓教程》编写组

2019年1月